社会福祉法人の
事業承継

JN000875

戸山文洋
FUMIHIRO TOYAMA

幻冬舎MC

はじめに

社会福祉法人の事業承継は、一般企業のそれとは大きく異なり特有の難しさがあります。

第一に、公益性を追求する組織だからこそ、その理念に共感してくれる人材を見つける必要があります。そのため、たとえ親族といえども理念を引き継いでくれる人材でなければ、事業を承継することが難しいのです。

さらに社会福祉法人特有の会計に関する知識も必要です。厳しい行政監査に抵触しない清廉性を保つため、故意でないとしても、知識不足から監査に違反してしまえば最悪の場合、業務停止命令が下ることもあります。

同時に、地域に尽くす役割を担う社会福祉法人では、事業をさらに成長させることが第一目的ではありません。存続こそが重要であり、「トップが代わっても中身は変わらない」ことが理想とされます。そうした事業の目的は、後継者からすると経営者としてのモチベーションが上がらない理由となり、事業を引き継ぐのに二の足を踏む人もいます。

承継後も新規施設の開設や設備投資、法人内の役員人事などの決定には、すべて理事や評議員の承認が必要なため、長い年月そうした支援者と良好な関係を維持することができるコミュニケーション能力も求められます。

そういった点から、社会福祉法人の事業承継は一般企業に比べ独特な部分が多く、難易度が高いといえます。事業承継がうまくいかなければ運営の弱体化が起こり、最悪の場合他の法人との吸収合併や、事業譲渡という事態に陥る恐れまであるのです。

かくいう私も、社会福祉法人を承継した身です。

私が先代理事長であった父から法人を受け継いだのは、2019年のことです。それ以前、私は幼い頃から先代である父に連れられ法人を訪れていました。父は家でも仕事の話を聞かせてくれていましたから、法人は私にとって身近な存在でした。それにより、当然のように法人の理念は私に刷り込まれていきました。また、会計について必要な知識を学んだだけでなく、父は私に地元住民との付き合いの大切さを教え、私が物心つく頃から地元の名士と呼ばれる医師や議員、古くから地元に根付いた自治会の役員、商店の主などに私を紹介しました。彼らの信頼を得ることができた結果、社会福祉法人特有の事業承継の問題をクリアしスムーズに事業を引き継ぐことができました。

本書では、社会福祉法人の事業承継について、私の経験に基づき理念の承継や地元の名士たちから信頼されるためにすべきこと、後継者に必要な会計力など、より円滑に事業を引き継ぐためのノウハウを紹介していきたいと思います。

本書が、事業承継に悩む人たちのもとへと届き、事業承継をきっかけに法人の運営基盤をより強くするための一助となったなら、それ以上うれしいことはありません。

社会福祉法人の事業承継　目次

［第1章］

なぜ社会福祉法人の事業承継はうまくいかないのか

老舗社会福祉法人の破産

とあるニュースが介護業界を駆け巡ったのは、２０１９年のはじめでした。

『老人福祉の社会福祉法人が「異例」の破産』

そんなタイトルの付いたその記事では神奈川県で特別養護老人ホーム、グループホーム、デイサービスなど計7事業所を運営し40年以上にわたり地域に根差した介護活動を行ってきた老舗の社会福祉法人の破産手続き開始が決定したと報じられていました。

社会福祉法人は基本的には国にとって必要であると判断されて法人格を得た組織であり、だからこそ非課税であることをはじめとした国からの手厚い保護があります。それにもかかわらず破産に追い込まれるというのはまさに異例であるといえます。記事によると、破産に至るほどの業績悪化については介護報酬単価の低下の影響や補助金収入の減少などで収益高が年々落ち込み5期連続で赤字となっていました。全盛期には13億円近くあった収入高は約3分の2となり、神奈川県からはたびたび監査が入って経営改善命令を受けていたのです。

また、経営が苦しくなっていくなかで労使紛争による職員の退職が相次ぎ出勤停止の懲戒処分を巡る訴訟にまで発展したケースもあったようです。それに伴い介護サービスの質も悪化し、評判を落とすという負のループに陥っていたであろうことは容易に想像できます。

こうした業績悪化の推移は社会福祉法人の理事長である自分としても「対岸の火事」では済ませられないものですが、最も注目すべき事実は「数度にわたって理事長が交代したが立て直せなかった」という点です。

医療福祉分野で実績のある人材を招へいしたにもかかわらず状況を変えられなかったことにこそ、社会福祉法人という存在の特殊性が表れています。理事長の交代、すなわち事業承継がうまくいかなかったというのが、最後まで状況が改善できなかった大きな理由であったと考えられます。

社会福祉法人の事業承継は、一般企業のそれとはまるで違います。その違いを理解するには、まず社会福祉法人ならではの特殊な事業背景について知っておく必要があります。

「措置」の時代から「契約」の時代へ

社会福祉法人は社会福祉事業を行うことを目的とし、法律の定めるところにより設立される法人です。社会福祉法人の歴史は終戦直後までさかのぼります。１９４０年代後半、戦争の傷跡が色濃く残る日本では戦地からの引揚者や戦争孤児、身体障がい者、失業者など生活困難な人々で溢れ返り、行政の力だけではそれに対応することができませんでした。そこで生活困難者の救済を民間に託すべく、社会福祉事業の運営主体やサービス内容は行政が指定しつつ、その実施は民間にゆだねるという仕組みを考案しました。

この仕組みが「措置制度」であり、措置の受け皿として制度化されたのが社会福祉法人でした。いわばその役割は行政の延長線上にあるのです。こうした原点により社会福祉法人は民間でありながらも強い公的性格を有することになりました。行政からの補助金や税制優遇を受ける一方で、法人はあくまで国に帰属するものであり一般企業なら社長に当たる理事長という立場になっても行政の監査指導のもとで組織運営を行わねばなりません。

戦後から1990年代まで長く続いた措置の時代には、社会福祉法人のあり方は今とは違ったものでした。法人設立に当たっては、土地や建物といった財産が必要となることもあり、設立者の多くは地元の地主、資産家や病院の経営者といった裕福な層でした。非営利性ゆえに人をどんどん雇って拡大するほどの経済的メリットもなく、多くは家族を中心に運営されており、行政がサービス内容を決定するという措置制度のもとでは市場原理が働かず、サービスも画一的なものとなりました。補助金や税制優遇により小規模の法人であっても事業を営むことができ、行政も「一法人一施設」という形を推奨してきた結果、全国に小規模な法人が散らばることになったのです。

しかしその後、急速な少子高齢化の進展などにより福祉サービスは一部の生活困窮者の救済だけにとどまらない役割を期待されるようになりました。2000年の介護保険制度の施行により措置制度の時代は終わりを迎え、措置に変わって利用者が自らの意思で事業者やサービスを選ぶ契約制度が導入された市場には株式会社やNPO法人など多彩な事業者が参入するようになったのです。それまでは施設管理が主な役割だった社会福祉法人も市場の競争に巻き込まれることとなりました。また社会保障費の増大により社会福祉法人への優遇制度も以前のようにはいかず、国からの介護報酬が低下傾向にあるのも影響し、現在では法人経営という視点が強く求められるようになっています。

運営と経営には大きな違いがあります。運営の観点をベースに社会福祉法人の転換期に対応してきたこれまでの理事長と対照的に、これからの理事長は当初から経営の観点を強く意識しなければならず、そもそも求められるスタンスが異なるのです。

実際に親族外の承継を考えた場合、経営手腕が明確な評価基準になるはずです。これが措置の時代なら、行政や役所での職務経験などが重視されていたと考えられます。

そして現行の介護保険制度では、50床以下の小さな規模では経営の黒字化がほぼ不可能となっているという現実があります。政府も従来のような「一法人一施設」を唱えるのをやめ、一つの法人で複数の施設を運営してスケールメリットを活かし全体で採算を取る多角経営を推奨するようになりました。

厚生労働省による未来投資会議の「社会福祉法人及び医療法人の経営の大規模化・協働化等の推進について」には「経営の安定化に向けて、医療法人・社会福祉法人それぞれの経営統合、運営の共同化の方策や、医療法人と社会福祉法人の連携方策を検討する」と記載されており、社会福祉法人や医療法人の効率化は国策であり、その機運は今後も高まっていくと予想できます。

これは言い換えれば、今後は小規模な社会福祉法人の合併や統廃合がどんどん進んでいく可能性が高いということです。実はすでに社会福祉法人のグループ化は制度として推進されています。2020年6月に公布された「地域共生社会の実現のための社会福祉法等の一部を改正する法律」に基づき、2022年度から「社会福祉連携推進法人制度」が施行されました。社会福祉連携推進法人とは社会福祉の事業者を社員とし、相互の連携を推進する非営利法人です。つまり複数の事業者がグループとなり、そのまとめ役として社会福祉連携推進法人が設立されるのです。ちなみに社会福祉連携推進法人は、実際に施設の運営や管理などはできません。あくまで連携を支援する立場で運営に関わります。

このように、措置から契約へという流れのなかで社会福祉法人に経営的視点が求められるようになったうえ、小規模な施設では合併や統廃合の可能性が高まっているというのが現在地です。そんななか、もし社会福祉法人の承継に失敗し組織の運営管理がうまくいかなくなった結果、経営が傾き赤字が続くようになったら破綻や吸収合併という望まぬ道に進むしかなくなる可能性があります。

現代において社会福祉法人の事業承継は措置の時代のような「ただの理事長の交代」ではありません。時に法人の運命を変えるほどのインパクトをもっているということを、まずは心に刻んでほしいと思います。

一般企業とは異なる社会福祉法人の事業承継

社会福祉法人にとっての重要なターニングポイントとなる事業承継ですが、そのあり方は一般企業とは大きく異なります。一般企業で事業を承継する最大の目的といえば企業のさらなる成長です。事業基盤やビジネスモデルをさらに発展させ、より利益を上げていくための手段として事業承継があるわけです。

しかし非営利であることが前提の社会福祉法人では、際限なく利益を上げる行為自体が許されませんから、一般企業と同じような事業の成長は望めません。事業承継もさらなる成長を目指して行うのではなく、これまで築いてきた事業基盤を守り、できる限り長く維持していくために行われます。

つまり事業承継の目的が一般企業と社会福祉法人ではまったく違うのです。事業承継の具体的な手法についても、一般企業なら株式譲渡や事業譲渡、会社分割など数々の選択肢があります。

しかし民間でありながらも高い公益性を有する社会福祉法人においては、そもそも一般企業と同じような事業売買の観念がありません。なぜなら社会福祉法人の財産は国家に帰属し、個人や組織の一存でやり取りできるものではないからです。したがって事業譲渡をするとしてもその相手は一般企業ではなく、同じ社会福祉法人または非営利で社会福祉事業を行うものに限定されます。また後継者選びについても一般企業では親族内承継にこだわらず能力の高い第三者を選ぶケースが頻繁に見られますが、社会福祉法人においてはそのほとんどが親族内承継であり、この点も大きく異なります。

親族内承継が多い理由

親族内承継の多い理由は、社会福祉法人の成り立ちとも関係しています。社会福祉法人の原点は生活困難者の救済であり、現在でも地域において老人や障がい者といった社会的弱者の受け皿となっています。逆にいうと、その地域にとって社会的に必要な存在であるからこそ社会福祉法人格が与えられているわけです。

したがって社会福祉法人は、立ち上げの時点からその地域にあり続けることが前提となっています。5年、10年というスパンではなく、50年、100年と末永く地域を支えていくのが使命です。また社会福祉法人の設立者の多くは地元の名士であり、所有している土地などを活用して家業として福祉事業を続けてきたという側面があります。ちなみにここでいう「名士」の定義とは、議員の先生や医療関係の理事長らに加えて、地域のなかでさまざまな地域貢献をされてきた人や有識者も指しています。

つまりその地域に深く根を張り地域とともに生きる一族の家業として営まれ、将来もその地でできる限り長く地域社会を支え続ける使命があることから、第三者への承継よりも親族内承継、特に親子間での承継が大多数を占めているのです。

ちなみに私が二十代目に当たる戸山家も、埼玉県さいたま市の見沼区という地域に何百年にもわたって住み続けてきた一族であり、私は小さな頃から社会福祉法人を継ぐことを前提とした教育を受けてきたように思います。福祉事業に全力を注ぐ父と母を尊敬してきた私としては跡取りになることに何の躊躇もありませんでしたが、実は社会福祉法人の事業承継に当たって、最大の障壁となるのは親子関係のトラブルです。

ほとんどの社会福祉法人の理事長は、わが子に事業を継いでほしいと考えています。しかし子どものほうが事業を継ぎたいと思うかどうかは分かりません。特に多様な価値観のなかで生まれ育った現代の子どもたちにとっては、自分の将来が親によって決められているように感じ、反発心を抱くことも多いと思います。実際に親子の関係がうまくいっていない家では親が子に半ば押し付けるような形で法人を継がせようとし、子どもはそれが嫌で家を飛び出してしまい後継者不在となるケースもよくあると聞きます。

そうして親子の関係が良くないにもかかわらず、押し付けになろうが子どもに継がせたいと考える背景には「家業であり、存続する使命がある」という思想があります。

社会福祉法人の多くは、個人による土地や建物などの寄付や無償貸与からスタートしています。実際にはその土地や建物で事業を運営するわけですが、それらは法人格と同様に国庫に帰属するものですから、仮に社会福祉法人を解散したとしても自分に戻ってくるわけではありません。そして親族以外が社会福祉法人を引き継いだ場合も、同様に自らに返ってくることはなく事実上は後継者に引き渡す形になります。

一族で代々守り、暮らしてきた土地を引き渡すなら他人ではなく血縁者にしたいと考えるのは自然な流れといえます。また他者に引き渡す際の手続きが極めて煩雑になりやすいというのも、親族内承継に落ちつく理由の一つです。

社会福祉法人の資産については個人と法人の境界線が限りなくあいまいになっていることがよくあります。施設の修繕のために個人の担保でお金を借りたり、自らの土地の一部を駐車場にしたりするなど、個人資産により運営を支援するのは昔から日常茶飯事で行われています。そしてそれらはたいてい創業者の独断によるもので、本人しか事情が分からないケースもよくあります。親族外への承継ならそのあたりをすべて整理したうえで引き渡す必要がありますが、親族内承継であればいずれ相続させる資産ですから細かく切り分けたりせず死ぬまで自分が所有しておけばひとまず問題はありません。

このように社会福祉法人を引き渡す側には、わが子を第一候補として親族内承継を行うべき理由がいくつも存在するのですが、それを後継者が理解してくれるかはまた別の問題です。現代においてはむしろ法人を継ぎたくないと考える二代目、三代目が増えていると私は感じています。この温度差こそ親子間のトラブルの元であり、事業承継が失敗する理由となるものです。

後継者が見つかりにくい厳しい経営環境

社会福祉法人の理事長というポジションは、一般企業の社長とはまったく違った存在です。一般企業であれば自分の代でさらに会社を成長させるという目標があり、それが大きなやりがいになると思います。もちろん社会福祉法人においても、独特な枠組みのなかで成長させていくという攻めの姿勢は大事です。そのうえで社会福祉法人は非営利組織ですから後継者には受け継いだものをできる限りそのまま維持するという守りの姿勢が求められます。

事業においても一般企業なら制限なく新規事業に参入できますが、社会福祉法人が参入できるのは児童厚生施設、障がい者支援施設、高齢者福祉施設といった特定の領域だけです。しかも一つの法人で児童、障がい者、高齢者と幅広く手掛けるのは現実的には難しく、一つの領域だけで事業を展開している法人がほとんどであり、一般企業に比べかなり閉鎖的な経営環境となっています。

企業の成長とともに自らの給料が増えていき億万長者になる可能性もある一般企業と違い、社会福祉法人の理事長の給料は本当にピンからキリまでです。措置の時代は無給でしたが、制度が変わったことで給料を受け取るようになり、現在は月額5万円～100万円以上と幅広く、役員報酬は法人の考え方によって異なります。

一方で理事長は金銭面での負担が大きく、自身の土地などを無償で貸与したり融資の際には保証人になったりします。さらに「ベッド数＝利用者の上限＝施設収入の上限」という仕組みにおいて、役員報酬を高く設定するには無理があるほか、決算書の公開義務により役員報酬もオープンになるため、その金額が高ければ法人内外からの反感を買ってしまう恐れがあるのです。はっきりいってお金を稼ぎたいのなら理事長ではなく社長を目指すべきなのは間違いありません。

それにもかかわらず近年は経営者の視点も求められるようになり、マーケティングや集客の知識、職員の確保、マネジメント層の育成といった経営手腕がないと安定した運営が難しくなりつつあります。また国からの優遇措置がある代わりに経営にはかなりの制限が加わります。政策にも大きく左右され、法律が一つ変われば途端に経営が苦境に陥るリスクが常に付いて回ります。その最たるものが介護報酬であり、3年ごとの改定のたびに業界全体が一喜一憂しています。

世論も厳しく、本来であれば施設の修繕などに必要となる内部留保すら批判の的になります。こうした実情を鑑みれば、「自由度が低いから継ぎたくはない」「どうせ事業をやるなら一般企業を経営したい」などと考える後継者候補が出てくるのはある意味で当然といえます。もちろん社会福祉法人の理事長という仕事ならではのすばらしさややりがいもたくさんありますが、それを伝えきれぬままとりあえず跡を継いでくれといってもうまくいかないと思います。

新しい理事長を育てられるのは今の理事長だけ

多くの理事長は子どもに跡を継がせたいと考えていますが、せっかく後継者が法人内にいてもなかなか代替わりできない人をよく見掛けます。社会福祉法人の特徴として代替わりのタイミングが遅れがちであるということが挙げられます。実際に世の理事長の平均年齢は高くなっており、理事長の集まりなどに出席すると現在42歳の私はかなり若いほうです。

なぜ代替わりのタイミングが遅れるかというと、理事長という仕事は名誉職に近く、「これをしなければならない」という明確な定めがないからです。もちろん実際には理事長だからこそできる改革や人事などもあり果たすべき役割は多いのですが、極端な話まったく何もしなくともそこにいるだけで役が務まります。

また理事長には定年もありません。やろうと思えば死ぬまで続けることができます。ですから理事長を退任して収入をなくすより、実務は後継者に任せつつ自分は理事長の座にとどまって得た報酬を法人に還元し経営をより安定させようと考える人が多いのです。

ただ、そうして理事長が長くその座にとどまることによる弊害もあり、それが事業承継に暗い影を落とします。理事長という仕事は、なってみないと分からない部分が多くあります。私も理事長になってみて初めて、先代がいかにさまざまな物事を水面下で調整してくれていたかよく分かりました。例えば取引先一つとっても、先代とのつながりがあるからこそ価格を割り引いてくれていたりします。そのような積み重ねで今の法人があると痛感しました。そして、理事長を育てられるのは理事長しかいません。

引退時期を決めずにずっと理事長の座にとどまり続けていると、後継者の能力が育たないため、自分が元気なうちに身を引き相談役となって新理事長を育てていくというのがスムーズな事業承継には欠かせません。理事長の死を待っての代替わりでは後継者は何の支援もない状態でゼロから理事長の仕事を学んでいかねばならず、あたふたしている間に経営状態が悪くなったり、スタッフが辞めていったりしてしまいます。

また、ワンマンで経営を行ってきた理事長ほど長くい過ぎると後継者と対立しやすいと感じます。法人内で長くキャリアを積んだ後継者は実力が増し、発言力も強まります。一方で、いくらカリスマと呼ばれた理事長であっても寄る年波には勝てぬもので、

70歳、80歳となれば能力も衰えるうえ昔のやり方に固執したり、新しい技術や機器の導入を頭ごなしに否定したりと後継者とぶつかることも多くなっていきます。

そこで確執が生まれてしまうと、当然法人にも悪い影響が出てきます。理事長派、二代目派などと分かれ、最終的に理事長を追い落とすようなやり方をしてしまえばその後の組織運営が荒れることは必至で、これもまた事業承継の失敗例であると思います。

もう一つ注意しなければならないのが、高齢になるほど急に亡くなる可能性は高まってくるという点です。理事長の急死は社会福祉法人を大混乱に陥れる可能性があります。

なぜなら、本人しか知らないブラックボックスが必ずあり、その詳細が分からないからです。創業者やワンマン経営を行ってきた理事長などは特にそうですが、大切な契約が口約束だったり、職員との契約をしっかり交わしていなかったりした結果、書類が残っておらず、事の次第が分からないという状況に陥りがちです。時には後継者には知らされていなかった負債が出てきて、愕然とするかもしれません。

そんな事態を避けるためにも、理事長が元気でその影響力が残っているうちに代替わりをして引き継ぎを済ませておくということが大切です。

事業承継により失われる「会計力」

後継者が先代から引き継ぐのは、施設や人材といったハード面だけではありません。社会福祉法人の運営に欠かせないノウハウも受け継がねば、事業承継後に大きな支障が出ることとなります。

ただし、社会福祉法人の経営は一般企業のそれとは大きく異なります。最大の違いといえるのが非営利であるということです。たとえ理事長の経営能力がずば抜けており、新事業の展開やサービスのブラッシュアップなどでどんどん利益を積み上げられるとしても、非営利という縛りがかかることにより実際にはそう簡単にはいきません。にもかかわらず経営努力を何もせず結果的に赤字となってしまえば社会的な信用度が下がり、金融機関から資金を借りられなくなるなど施設の運営に大きな支障が出てきます。

業務の効率化やコスト削減の努力をして、浮いたお金を施設の修繕費やサービスの質の向上などに投資してそのレベルを上げ、利用者や職員がここに入りたいと思うような施設をつくっていくというのが社会福祉法人における経営の基本方針であるといえます。

したがって常に経営努力はしていかねばなりませんが、その方向性を少しでも間違えれば途端に行政からの指導が入ります。例えば私の施設では、利用者に向けた独自のサービスとして「アクティビティケア」があり、私の専門領域であるアニマルセラピーを筆頭に音楽療法や集団体操などを行っていますが、それらは基本的に無料です。一般企業なら人件費や諸経費に利益を乗せた形で利用料金を設定すると思いますが、私の施設では基本的にすべて無料で実施しています。せめて人件費分は回収したいのですが、有料化は儲けに当たるため認められないというのが制度上の決まりです。なお、こうしたサービスを「介護保険外サービス」として有料で提供することも可能ですが、保険外の定義が難しく料金設定も一定の基準がないため消極的な姿勢の事業所が多いです。

さらに、あくまで非営利である社会福祉法人のスタンスに矛盾が生じる懸念もあり、結果的に各法人の個別努力というところに収まることがほとんどです。

このように新たな試みを自由にやっていいわけではなく、あくまで行政のルールのなかで工夫を重ね黒字化していかねばなりません。そうして厳しい行政監査を乗り切るのに必要な力を、私は「会計力」と呼んでいます。そして事業承継に当たっては、先代の理事長やその腹心が積み上げ培ってきた会計力をしっかりと引き継ぐことが大切です。

理事長の急死や古株職員の退職といった諸事情でこの会計力を引き継ぐことができなかった結果、資金ショートや債務超過に陥ってしまう法人もありますから、注意しなければいけません。

後継者の決定には地元の名士からの信頼が不可欠

会計力の引き継ぎに加え重要なのが、先代が培ってきたであろう地元の名士からの信頼という「見えない財産」の承継です。いくら同族経営の社会福祉法人であっても、家族だけで事業承継を行えるわけではありません。

理事長の交代には、法人の意思決定機関である理事会において3分の2以上の賛成が必要となりますが、理事会の上には諮問機関として評議員会が存在し、実質的にはその評議員たちから認められなければ理事長にはなれません。

評議員会は、法人運営の基本ルールの決定や役員の選任、解任などを通じ、法人運営を監督する機関です。法人の公益性や非営利性の確保をより強化すべく、2017年4月よりすべての社会福祉法人に対し評議員会の設置が義務付けられました。

評議員の選定に当たっては法律上、社会福祉法人の適正な運営に必要な識見を有する者のうちから選任することになっていますが、特定の資格が必要となるわけではありません。多くの法人ではいわゆる有識者として世間から認められている人材に依頼していると思います。地方だと特に評議員は地域において影響力をもつ人が担うのが一般的で、医療の中核病院の院長、地主、議員、大学の教授といったメンバーが候補になってきます。

このように評議員会は地元の名士で占められるわけですから、事業承継に当たっても名士の支援を得る必要があるのです。評議員会の承認を得るプロセスは、いわばその地域の福祉を担うのにふさわしい人材かどうかを問われているようなもので、万一ふさわしくないと判断されれば理事長の座に就くことはできません。

実際に「長男はだめだから次男にしてほしい」「もっとふさわしい人間を紹介するか

ら」などと言われ、評議員会の承認を得られずに理事長になれなかった二代目もいますし、後継者が頼りなければ評議員会の意思により金融機関などからコンサルタントが入ることもあります。地元の名士の信頼を得ることは事業承継を成功させるための大きなポイントといえます。

こうしたさまざまな理由により事業承継が暗礁に乗り上げてしまうと、地域を支えるという大切な役割を満足にこなせなくなる可能性があります。あらかじめ可能な限りの準備をしてスムーズな事業承継ができる状況をつくり出さねばなりません。

理念承継の失敗が招く、職員の大量離職

また事業承継に付き物なのが、退職者の増加です。特に社会福祉法人の設立者は法人の運営を通じて地域に貢献したことで、自身が意識せずとも名士と呼ばれる立場になっていることが多く、たいていの場合高いカリスマ性をもっています。長年地域とともに歩んだその歴史は、後継者がおいそれと引き継げるものではありません。

そうしたカリスマ性の高い理事長が身を引くとなると、それまで理事長についてきた

職員もまた退職を考えるというのは想像に難くないはずです。もしベテラン職員を中心に大量の退職者が出てしまえば、施設経営は窮地に陥ります。実際に理事長の引退後に人材の引き継ぎがうまくいかず法人の経営が傾いてしまったケースを私はいくつか耳にしました。

そんな事態を招かないためにも理事長はある程度元気なうちに代替わりの準備を進め、後継者に職員の信頼が集まるよう手を打っていかねばなりませんが、自らの急死など万が一のことが起きれば人材の引き継ぎもできなくなります。

後継者としても、事業承継後に職員たちに信頼してもらえないのではないかというのは大きな悩みであると考えられます。ずっと福祉介護業界に身を置き、キャリアを積んできたような人材ならまだしも、私のようにまったく違う畑から福祉介護の世界へと飛び込むと特にベテラン職員からはなかなか信頼されないものです。信頼というのは一朝一夕でどうなるものでもありませんが、それでも職員の離職だけはなんとか防がねば事業承継は失敗に終わります。

そこでポイントとなるのが理念です。一般企業であれば、社長が代わったことで経営理念や方針を新たに刷新する場合もあります。後継者は、先代の社長にはできなかった新たな事業や改革に乗り出し、成果を上げて職員の心をつかむというやり方も可能です。

しかし社会福祉法人の後継者は、受け継いだものをできる限りそのまま維持するという使命があります。したがって職員に対しても、事業の躍進で実績を示すような方法を採るのは難しいといえます。最も大切なのは自らが先代と変わらぬ理念や思いをもっていると伝えることです。

理事長が代わっても、そのハートの部分は全部自分が引き継いでいるから大丈夫、法人のあり方はこれからも変わらないとアピールできれば、ベテラン職員たちはひとまず安心します。

逆に、先代の理念をしっかりと承継できていない場合には人材が離れていく可能性があるといえます。だからといって先代の理念を上っ面でなぞり、職員の機嫌をうかがうようなことをしてもうまくはいきません。特に先代と苦楽をともにしてきたようなベテラン社員はすぐに本気度の低さを見抜くことが多いのです。

理念への共感というのは互いの信頼関係からしか生まれませんから、新旧理事長の日頃の関係性が重要になってきます。後継者が先代の理念を正しいものだと信じ、本気でそれを守ろうという姿勢を示せるかどうかが理念の承継の可否を分けるのです。

［第2章］

公益性を追求する
社会福祉法人だからこそ、
理念の承継が必須——
非営利団体の後継者にふさわしい人材とは

組織を強くする「理念の浸透」

事業承継を成功させるべく、何よりも先に意識せねばならないのが理念の承継です。その理由を述べる前段として、まずは理念が組織にとっていかに重要なものであるかを示したいと思います。「理念」という言葉を辞書で引くと「ある物事についての、こうあるべきだという根本の考え」といった解説があります。これに従うと法人における理念は、法人の姿勢を明文化し、志や価値観を社内外へと示すために存在するものであるといえます。

理念がしっかりしていることで組織はより強くなります。明確な理念が組織にもたらすメリットは大きく2つあります。

メリット1「職員にとっての道しるべとなる」

理念はその組織で働く人々にとっての共通の価値観となるものです。

職員一人ひとりが、どんな方向に組織が進もうとしているのかを理解しているなら、各自それに基づいた判断基準が生まれ、業務での意思決定や優先順位付けのスピードが上がるため組織がより効率的に動くようになります。介護業界のような人材不足に悩む業界にとっては特に日々の業務の効率化は大きな課題ですが、理念を浸透させることでその一端が解消できるはずです。

また、理念の共有化により職員の間には同じ志のもとで働く仲間としての一体感や親近感が生まれやすいです。職員が業務上の壁に当たった際にも理念という判断基準があれば自律的に対処できるようになるという点も見逃せない効果です。理念が浸透するほど、職員は自ら正しい行動を取れるようになっていきます。

メリット2「組織のブランディングができる」

近年は社会福祉法人を取り巻く環境が大きく変わり、福祉介護業界にも一般企業が参入してきて利用者や働き手の獲得合戦が繰り広げられるようになりました。

そんななかで生き残るのに重要なのは、差別化です。一般企業でいうと、競合との差別化を成し遂げるため多くの企業はブランディング活動に力を注いでいます。社会福祉法人も同様にブランディングを積極的に行う時代に入っていると私は感じています。

ただし、非営利である社会福祉法人の場合にはサービス内容や設備面での大きな差別化は難しく、介護保険制度という枠の内側でいかに個性を出していくかが課題といえます。

そこでブランディングの要とすべきものが理念であり、自分たちが目指す未来、仕事にかける思いや情熱を外部へ向けてしっかりと発信することがその組織ならではのブランディングとなります。理念によるブランディングがうまくいくと、利用者の増加につながるだけではなくリクルーティングにも高い効果を発揮します。

こうした理念の重要性は、すでに成功を収めている大企業からも学ぶことができます。一つ例を挙げると、売上規模が50兆円にも及ぶEコマースの巨頭、アマゾンが掲げる理念は「地球上で最もお客様を大切にする企業になること」です。もともとはオンライン書籍販売サービスとして創業されたアマゾンですが、理念には「本」という単語が出てきません。

企業理念から見えるのは、そもそもアマゾンは自分たちを書店であると定義したことがないということです。だからこそあらゆるジャンルの商品を積極的に扱い、音楽や映画の配信サービスまで手掛けるようになり、ここまで成長できたのです。そこで働く職員たちもまた、自分たちを書店員であるとは考えずEコマースという手段を通じ「地球上で最もお客様を大切にする」ことを目指し続けた結果、現在の姿があるといえます。

成功している企業で理念をもたないところはありません。社会福祉法人においても同様で運営がうまくいっているところほど理念を大切にしているもので、後継者には理念が浸透した状態をいかに維持するかが求められます。

「奉仕の精神」と「対価」の間を取り持つのが理念

そもそも社会福祉法人の運営は、理念によって支えられているという面があります。もし理念が希薄になったりあいまいになったりすると、その悪影響は事業承継のみにとどまらず運営全般に及びます。弱い立場の人々を対象とする社会福祉法人は、一般企業に比べやや複雑な性質をもっています。

私の法人では、施設で介護をする職員たちのほとんどが地位や名誉、高い給料よりも人の役に立つことを喜びとして働いています。介護の本質である「奉仕の精神」の実践を理想とする職員も少なくありません。実際に私の施設でも人が足りないからと思い切って給与を上げ、休日も増やした内容で募集をかけたことがありました。しかしそれに対する反応は鈍いものでした。そこで改めて理念をしっかりと打ち出し、丁寧に伝えるようにしたところ一気に応募者が増えました。

職員は自らが働く施設を選ぶ際には役職や給料には注目せず、むしろその施設の介護理念が自分の理想とする介護と合っているかを最も重視するというのが私の経験則です。一方で、施設長や本部の重役といったトップマネジメント層においては、経営的な視点が求められるようになっています。利用者に質の高いサービスを提供するには、まずは技術のしっかりした職員を必要な数だけ配置しなければいけません。そうした職員たちの人件費をきちんと支払うにはその原資を稼がねばならず、経営として「施設を維持するお金をいかにねん出するか」ということが最大の課題となります。

無償の愛を与えるべき施設でありながら、利用者からの対価をもらわねば運営ができないという相反する性質を同居させているのが社会福祉法人の施設であり、そのバランスをどのように取っていくかが各法人の悩みの種となっています。

そしてこのバランスを取るものこそ法人としての理念なのです。例えば、私の法人の理念は「施設は大きな家族である」です。施設に関わる全員が大きな家族のようなものであり、利用者、職員の区別なく家族のように過ごしていくというのを目指して日々活動しています。大きな家族という理念は一見すると無償の愛の比重が大きいもののように思えるかもしれませんが、対価をいただくことども矛盾するものではありません。「職員から利用者へ」と一方通行で愛情やサービスを注ぐばかりでは家族とはいえません。互いを思い合い、慈しみ合う大きな家族であるなら利用者もまた職員や法人を支える存在であるといえます。そしてその方法の一つが対価をいただくということであるという解釈です。

こうして奉仕の精神と対価の間をつなぎ、誰もが納得してポジティブに働けるようにするというのが社会福祉法人における理念の役割の一つです。もしこの理念が失われてしまえば、奉仕の精神を重視する職員とお金をねん出せねばならない経営陣の間で溝ができ、対立しやすくなると私は考えています。

がんじがらめの規則が奪う「やりがい」

理念は社会福祉法人のあらゆる運営に大きな影響を与える存在です。一例を挙げると、介護施設においては職員に対する姿勢として「ルール重視か、自主性を尊重するか」という問題があり、それに対する解は施設が掲げる理念によって変わってきます。

職員の行動規範を細かく設け、徹底的に業務を管理するような施設はおそらく安全性を最も重要視する理念となっていると思います。その一端が表れるのが、職員の身だしなみに関する規則です。例えば女性のピアスやネイルといった装飾については、サポートの最中に引っかけて利用者を傷つけてしまったり、認知症の傾向がある利用者が興味をもって引っ張ったりと思わぬ事故につながったりするケースもありますから、原則禁止の施設が多いと思います。こうした明確な理由があるものはともかく、髪型を細かく指定したりメイクを認めなかったりと、わずかでもリスクがあれば徹底してルール化し職員の行動を制限するというやり方も確かにあります。利用者の安全や健康を守るのは施設として当然であり、それを最重要に置くのはもちろん誤りではありません。規則がなければ組織の秩序は保たれず混乱が起きますから一定の規則は必要です。

しかしこうしたルール重視の姿勢は、私の法人の理念ややり方とは異なるものであり、私の法人では利用者も職員も「大きな家族」であるととらえています。親しきなかにも礼儀あり、というようにもちろん家族であっても生活のルールは必要なのですが、それはあくまで互いに快適に過ごしていくためのものであり、互いの自由を著しく拘束するものにはならないはずです。

利用者の安全を確保するのはある意味で当然です。しかし何の危険もなく、どこよりも安全な環境があったとしても、それで家族、すなわち利用者と職員が幸せに暮らせないなら意味がないと考えています。

理念からくるそんな思いは、至るところで表出します。例えば、利用者とともに行うイベントでこんなことがありました。特別養護老人ホームでは四季折々に行事が開催され、そのいずれもが利用者に楽しんでもらうことを目的としています。そのなかで特に人気があるイベントの一つとして、餅つきがあります。杵と臼で餅をつき、それを利用者に振る舞うのですが重い杵を使って餅をつく作業は、ほとんどの施設では体力自慢の職員が担当しています。利用者はその様子を見て、ついた餅をおいしく食べるという形でイベントに参加します。

しかしある日、施設に昔から餅つきが大好きで、得意だったと話すAさんが入所されてきました。たまたま入所して1カ月も経たずに餅つきのイベントが開催される予定であり、現場の責任者は職員から「Aさんは餅つきのイベントをとても楽しみにしている」と聞いていました。イベント前日、責任者はAさんに声を掛けました。

「お餅つき、やってみますか?」

するとAさんは目を輝かせて答えました。

「杵が持てるかな。でも昔取った杵柄っていうしな、やってみるか」

実はAさんは足腰が弱り自分では立ち上がって歩くことも難しい状態でした。しかし当日はなんと自分の足で車いすから立ち上がり、しっかりと杵を握りました。そして職員の手助けを受けつつも見事に餅をついたのです。

そのときのAさんの笑顔、そして充実した表情を見た責任者はまるでそれが自分のことのようにうれしかったと言います。ちなみにAさんはその後、餅つきができたことで自信を取り戻し、それまでよりずっと快活で明るくなりました。いまだに餅つきでの活躍を楽しく話すといいますから、きっとすばらしい思い出になったのだと思います。

これがもし安全重視の施設なら、車いすの男性に餅をつかせるなどあり得ません。しかし利用者の喜びや楽しみを何より重視し、なんとか餅をつかせてあげられないかと知恵を絞って入念な安全対策を講じたうえで実際に餅をついてもらうという発想は、まさに大きな家族の理念からくるものです。家族がはしゃいだり喜んだりする姿を見れば幸せになるもので、このときの責任者もまさに同じ気持ちだったのです。

こうして利用者だけではなく職員も幸せに働けるというのが、大きな家族という理念の特徴です。職員にとっては自分のアイデアで利用者が喜んでくれれば、それは仕事のやりがいにつながります。公益財団法人介護労働安定センターが2019年に実施したアンケート調査「介護労働実態調査」によると、「現在の仕事を選んだ理由」として圧倒的な1位となったのが「働きがいのある仕事だと思った」（49・8％）であり、「現在の仕事の満足度」という質問でも「仕事の内容・やりがい」（44・8％）がトップとなっています。つまり介護職を志し、施設で働く多くの職員たちが仕事に求めているのはやりがいでありそれを感じられる職場でこそ幸せに働けるのです。

では、職員は主にどんなときにやりがいを感じるかというと、自発的な行動が利用者の役に立ったときなのです。しかしルールや規則でがんじがらめにしてしまっては自発的な行動は著しく制限され、結果的に職員はマニュアルにある業務のみをただ機械のように繰り返す毎日を送ることになりかねません。それが果たして血の通ったサービスといえるのか私には疑問なのですが、そうした考えを抱くことこそ自分に「大きな家族」という理念が浸透している証といえるかもしれません。

このように施設のあらゆる運営に多大な影響を及ぼす理念だからこそ、後継者は最大の敬意を払って受け継ぐ必要があります。歴史ある社会福祉法人は特にそうですが、どの法人にもここまで守り続けてきた理念があると思います。先代の理事長が人生をかけて育んできたその理念はすでに、利用者、職員、そして経営陣を結び付けるよう作用しており、いわば法人の土台として根を張っているはずです。

したがって事業承継に当たっても、まずはこの土台をしっかりと受け継ぐのが最も重要でありスタート地点といえます。

理念が生まれた歴史を知る

理念には法人がこれまで歩んできた歴史や、地域でどのような役割を果たしてきたかというあり方が詰まっています。法人の歴史と理念の間には切っても切れないつながりがありますから、理念を真に理解して体現していくためには法人の歴史をしっかりと学ばねばなりません。

私の法人の理念である「大きな家族」もまた例に漏れず、これまでの歩みと密接なつながりがあります。法人としての歴史は1997年から始まりますが、ルーツをさかのぼれば祖父母の思いに行き着きます。

戸山家は埼玉県の大和田という地域に20代にわたって根を張る一家で、もともとは農家でした。大和田は今でこそ多様な人々が暮らす住宅地となっていますが、かつては野菜や麦を作る農家が集まる地域でした。

農家であり地主でもあった祖父は自らの土地をともに耕し、一緒に作物を作ってくれる小作人たちがいつも泥だらけで家に帰っていくことをずっと気に掛けていました。家庭にお風呂などない時代ですから余計にそう感じたと思います。

ちょうどその頃、大和田には第二産業道路が開通し、モータリゼーションが進行していました。専業農家が減っていくなか祖父は自らの家業についても考え直すところがあったのかもしれません。

そんな背景から祖父が銭湯とガソリンスタンドの経営を始めたのは1967年のことでした。銭湯は泥だらけになる農家の人々に気持ちよく汗を流してもらおうという思いで開業したのですが、一方でなぜガソリンスタンドも手掛けたかというと、モータリゼーションの進行に加えて、銭湯のお湯を焚く燃料が原油であるという理由もありました。

銭湯の名は「五葉の湯」であり、戸山家で代々引き継いできた樹齢550年の大樹「大和田の五葉松」に由来します。なおこの松は1961年に大宮市（現さいたま市）により天然記念物に指定されています。

銭湯はそんな五葉の松の目の前に造られました。五葉の松は大和田地域のランドマークのようなものであり、多くの人がこの松の下で待ち合わせをし、雨宿りをし、寄り合いを開くなど地域の交流の場でした。そこで交わされる会話はきっと親子や兄弟のように親密で気の置けないものだったと思います。こうして地域の人々とともに生き、その声を身に宿した五葉の松と同じような存在となるようにという願いを込めて祖父は銭湯の名に冠したのです。

その後、家庭に浴室が普及するという時代の流れもあり、五葉の湯は役目を終えましたが祖父の思いは父に引き継がれていくことになります。

父は最初、祖父の経営するガソリンスタンドで働いていましたが、ある日ガソリンスタンドの前にバス停ができたことを境に福祉に関心をもつようになります。そのバス停からは養護学校へ行くバスが出ており、毎朝たくさんの障がい者の人々がバスを待っている光景を見掛けるようになったのです。

祖父も父も「障がいを抱えて生きている人々が地域にはこんなにいるのか」と驚き、自分たちにも何か支援ができないかという思いを抱くようになったと言います。私も小さな頃、祖父と一緒にお風呂に入るたび、「立場の弱い人に寄り添うこと」「うちはいつか、福祉をやる」と聞かされていました。

幸いにもガソリンスタンドの経営は軌道に乗り、ほかにも不動産などを手掛けるようになったことで経済的余裕が生まれると、父は祖父の思いを現実のものとすべく社会福祉法人を立ち上げます。

これが私の法人の歴史であり、五葉の松が果たしてきた役割や祖父の思いが「大きな家族」という理念として脈々と受け継がれています。ちなみに現在、各施設の浴室には「五葉の湯」の暖簾が掛かっています。法人がより多くの人々にとっての五葉の松となれるようにという祖父の願いは今も生きているのです。

こうした歴史を踏まえて理念を解釈すれば「大きな家族」という言葉が指し示すものがより深く理解できます。そしてこの深い理解は日々の行動をも変えていくものです。

理念の理解度が職員を変える

例えば日々の食事において、五葉会の各施設では職員から「味が少し薄かった」「肉が少し硬かった」という報告が上がることがあります。なぜこのようなコメントが出るのかというと職員たちが実際に利用者と昼食をともにし、同じメニューを食べているからです。利用者と同じご飯を食べる理由は「大きな家族」という言葉のみでなんとなくイメージがつくと思います。家族なら同じ釜の飯を食うのは特別なことではありません。

しかしそこでとどまると報告の内容が微妙にずれてきます。実際に新人職員などからは先ほどと同様の報告でも「食べてもらうのに苦労したから、味が薄かったかもしれない」「なかなか食事が終わらなかったのは、肉が硬かったせいかもしれない」という浅い表現になりがちです。

これらのどこが浅いのかというと、家族という感覚よりも仕事感が前面に出てしまっている点です。やや厳しい言い方をすればご飯を「業務として食べさせるもの」ととらえ、いかにスムーズにその業務を実施するかという視点であると思います。

このとき「大きな家族」という理念の源流にあるのが、地域の人々が家族のように親密な時を過ごした五葉の松であり、祖父の弱い人の立場に寄り添うという思いであるというところまで理解していれば業務的な発言にはなりません。家族である利用者の気持ちになり、同じ視点で食事をとったなら当然その表現も「味が薄い」「肉が硬い」という利用者の感想を代弁するものになります。「同じ釜の飯を食う」ところまでは理念どおりだとしても、その先のとらえ方に理念に対する理解度が表れるのです。

もう一つ例を挙げます。介護施設には欠かせない車いすですが、そのタイヤの部分ががたつき壊れそうになっているという報告が新人の職員から上がったことがありました。業務としては、利用者をよく観察しているからこそ故障のリスクが分かったのですから褒められるべきところですが理念を深く理解していれば対応が違ってきます。

新人職員は、上司であるベテランの職員に「早く買い替えたほうがいいと思うので、理事長に確認してほしい」と言ったそうです。しかしベテランの職員は私への報告の前に、工具箱を持ってきて自分でそれを直そうとしました。買い替えるか直そうとするか、この行動の差にも理念への理解度の差が出ています。

家族の誰かが使っている車いすが壊れそうになっていたとしても、迷わずすぐに買い替える家庭は少ないと思います。なぜなら車いすを利用している本人を含め、長く使っているほどそのモノに愛着が湧いているからです。だめになりそうだからとすぐに捨て、新品を買うという行為はある意味でシステマチックなものであり家族的とはいえません。最初は自分で直そうと試み、それが難しいと分かった段階でメーカーへの修理依頼や買い替えを検討するというのが家族の対応です。

このように「大きな家族」という理念をしっかりと体現してくれている職員たちは、施設運営における大きな課題の一つである節約や無駄の削減にも自発的に貢献してくれます。

介護保険制度の取り決めの枠でしか収入のない介護施設において黒字化を達成するには経費削減が不可欠です。どの施設でも1円単位で節約をし、無駄を削減する努力をしていると思いますが、職員たちにいくら「節約してほしい」と頼んでも忙しい現場ではそこまで気が回らずなかなか自分事としてはとらえられないものです。

しかしこれが家族と暮らす家であれば違ってきます。家で誰もいない部屋の電気が点いていたらあまり深く考えずに消すと思います。清掃担当は誰などと決めずともゴミが落ちていたら拾ってゴミ箱に入れるはずです。こうした家族としての自然な行為を職場でも行ってもらえるようになるというのが、「大きな家族」という理念のもつ強みですが、施設を自分の家と同じように大切に感じてもらうには理念への深い理解が欠かせません。

3年以内の離職を防ぐ

理念への深い理解を促すには、まずはトップである理事長が誰よりも理念を深くその身に浸透させねばならず法人の歴史を知るのはそのための大切なステップです。理念を承継し歴史を学び、自らの口で思いを込めて理念と歴史の結び付きを語れるようになると職員の理解度も確実に深まっていきます。

そうして理念が職員に深く浸透していけば価値観がそろってきて職員同士の対立が減り、人間関係が良くなっていくので結果として人材の定着率が上がります。人材の定着は事業承継後の法人の安定した運営のために欠かせない要素ですから、ここで少し掘り下げておきたいと思います。

福祉・介護職は一般的に離職率が高いと思われがちです。確かに2007年前後には全国平均よりも突出して離職率が高かったのですが、実は現在はそのようなことはありません。公益財団法人介護労働安定センターが2019年に実施したアンケート調査「介護労働実態調査」によれば、回答のあった9126事務所のうち介護職員や訪問介護職員の離職率は15・4%でした。厚生労働省が2020年に発表した「2019年雇用動向調査結果の概況」のデータを見ると2019年のすべての業界の労働者における離職率は15・6%となっています。

したがって介護職の離職率は平均的な割合であるといえます。ただしだからといって安心はできません。これはあくまで平均値の話であり、実際にはほとんど人が辞めない施設とすぐに出て行ってしまう施設に二極化しています。

同センターの「介護労働の現状について（2019年度 介護労働実態調査の結果と特徴）」によると、離職者の6割は勤続3年未満、さらにそのうち4割は勤続1年未満であるといい人材が比較的短期で辞めてしまう傾向が見て取れます。逆にいうなら入ってきた人材の多くが3年以上働き続けてくれる施設は、高い定着率を誇っているといえます。

また「介護労働の現状について」では離職理由についても調査を行っており、最も多かった理由が「現場の人間関係に問題があったため」で、男性は25・2％、女性は22・6％という割合となっています。人間関係が理由で職場を去る人はどのような業界でも一定数いると思いますが、福祉や介護の世界では特に職員たちが共同して作業を行う機会が多く、一度人間関係が崩れてしまえば業務にも大きな影響が出ます。

これらを総じて考えると、法人への入職から1年以内が最初の壁であり、その間にいかに理念を深く理解し共感してもらえるかで定着度が変わってくるといえます。

あらゆる業界にいえますがまったく人が辞めない組織をつくるのは不可能であり、退職者が一定数出るのは仕方のないことです。ただ、退職者を一人でも減らすための努力は継続すべきであり、その具体的な手法の一つが理念の浸透であると私は考えています。

なお、私の施設を辞めていく職員たちを見ていると、そのほとんどが施設に幻滅して出て行っているように感じます。それは結局、自分が理想とする介護と法人の理念のずれからきていると思います。そうした退職を少しでも防ぐべく、私が面接時に最も重視するのが理念への共感であり、手を替え品を替えてあれこれと質問し、共感度を推し量ります。これもまた、自らがしっかり理念を受け継いだからこそできることです。

事業承継の準備は入念な現状把握から

このように理念の承継は事業承継における最重要項目といってもいいものですが、それだけで事業承継が完成するわけではありません。理念はしっかり受け継ぎつつ、事業を継ぐための準備を事前に行っていく必要があります。

社会福祉法人における事業承継は往々にして創業者一族がその席を占める理事会と、理事長の関係者が集まる評議員会の了承を得て理事長が交代することにより行われます。一般企業のように経営権や株式の譲渡といった必要はなく、いってしまえば単なる理事長の交代なのですが、それはあくまで手続き上の話であり実際にはその後の法人運営を大きく変える影響力があります。だからこそ入念に準備して臨みたいところです。

ここで、より具体的な事業承継の準備についても触れておきたいと思います。事業承継は親族内にとどまらず法人の職員とその家族まで含めた広い範囲に影響を及ぼします。したがって円滑な承継を実現するには事業承継の影響の及ぶ人々に対し理事長の意向をあらかじめ伝えて、理解を得ておくというのが重要なポイントになります。

そのためにはまず事業承継で影響を受けるであろう関係者をすべて洗い出す必要があります。社内はもちろん社外の取引先や金融機関など考え得る限りの関係者を挙げ、事業承継の理解を求めるべき相手のリストを作ることが大切です。

また、理事長の親族関係の状況についても確認しておくべきです。事業承継が引き金となって親族間の不和が起きることはよくあります。時に思わぬ親族が後継者として名乗りを上げてきたり、後継者の座を巡り兄弟が対立したりと、骨肉の争いに発展しかねません。そして争いに勝ち残った者が新たに理事長となっても、多くの場合は法人内もまた分裂してしまい運営に支障が生じます。親族内の関係の調整は理事長の影響力が残っているうちに行っておく必要があります。理事長の資産状況もある程度整理しておくのがおすすめです。社会福祉法人の資産については、個人と法人の境界線が限りなくあいまいになりがちです。本人しか資産状況を把握できない状態だと、万一理事長が急死するようなことがあった場合、事業承継が混乱する原因となりかねません。

そのほかのリスクもあらかじめ想定して十分な対策を取ったうえで、事業を引き継がねばなりません。こうした法人を取り巻く状況をできる限り把握したうえで、ぜひ作成したいのが「事業承継計画書」です。

理念と課題を可視化する「事業承継計画書」

一般企業の代替わりの際によく使われる事業承継計画書は、会社の現状や事業承継の課題、何をどうやって承継するのか、どんな準備が必要かといった、事業承継の内容をまとめた書類であり、社会福祉法人でも取り入れる必要があります。

事業承継計画書の作成に当たっては、認識を共有するためできれば新旧理事長がともに作り上げるのが望ましいです。書くべき内容はまずは理念であり、そのほかには法人が果たすべき使命、事業活動の目的や基本姿勢を明記します。

続いて法人を取り巻く現状を整理して問題になりそうな部分を確認し、その対応をどれくらいの期間をかけてどのように行うかを検討したうえで、事業を引き継ぐ時期を決定します。そして最後に、問題への具体的な対処法を記載していきます。例えば金融機関の担当者にはいつどのように知らせるか、評議員の誰を説得すべきか、親族をどう調整すべきかといった方針を明確にして、やるべきことを可視化することが大切です。

また、理事長の資産状況も併せて記しておくといいと思います。特に理事長が社会福祉法人の経営だけではなくほかの事業を行っているような場合には、相続税の問題が発生してきますから注意が必要です。

具体的なチェックポイントとしては、以下の4つとなります。

1：理事長個人が所有する事業用資産。例えば事業用不動産や個人から法人への貸付など所有関係の確認

2：理事長個人が所有する事業以外の資産。現預金や運用資産、不動産、加入している保険などの確認

3：理事長個人の負債。連帯保証人になっていたり、自宅が担保に入っていたりはしないか

4：法定相続人と相続税。相続が発生した場合には、誰が資産を受け継ぐかと、財務状況に基づきどの程度の相続税が発生するか

なお、事業承継を間近に控えた段階でこうした取り組みを実施するのはなかなか難しいですから、日頃からある程度、把握しておくことをおすすめします。例えば、保有資産の評価を定期的に行ったり、法人への贈与や譲渡の際には契約書を作り取引の実態を残しておくようにしたりするといいと思います。

知っておくべき相続税対策

多くの法人では社会福祉法人以外にも事業を展開していたり、理事長が不動産をはじめとした資産をもっていたりすると思います。事業が多角化した理由は、措置の時代は社会福祉法人の運営だけで食べていくのは正直難しく、ほかの事業や資産といった収入源がなければ参画が難しかったからです。

したがって事業承継においても、かなりの確率で相続税についての検討が必要になるはずです。社会福祉法人の事業承継自体には相続税の発生はありませんが、個人として相続税が支払えずに窮地に陥れば、事業承継にもその後の施設運営にも大きな影響が出るため、ここで相続税に関しておさえておきたい知識を記しておきます。

そもそも相続税とは、被相続人の死亡により家族や親族に代表される相続人に引き継がれる財産に対して課税される税金のことです。相続税の対象となるのは預貯金、不動産、有価証券、生命保険、死亡退職金などです。自分としてはおよそ価値がないと考えていた株券や土地が思いがけず高い評価となるようなケースもあり、相続税は想像以上に多額になりがちです。

なお、相続税対策としてよく挙げられるのが、相続人に対し生前にあらかじめ財産を贈与しておくという生前贈与であり、それに関する制度である「相続時精算課税制度」についても知っておかねばなりません。相続時精算課税制度は、60歳以上の父母または祖父母から18歳以上の子や孫への生前贈与において、子や孫の選択に基づき利用できる制度です。贈与時には軽減された贈与税を支払い、そのあとの相続時に贈与財産とその他の相続財産を合算して計算された相続税額から、すでに支払った贈与税額を精算する仕組みとなっています。

この制度のポイントは、2500万円の特別控除枠が存在することです。2500万円までなら贈与税がかからず、それを超えた金額から一律20％の贈与税が課税されます。さらにそうして支払った贈与税は、相続時に相続税から差し引かれ、支払った額より相続税の額が少なければ差額が返ってきます。

なお、贈与する財産の評価は贈与時に行われるため、将来その価値が上がると期待できる財産を贈与すれば、税額を抑えられる可能性があります。また、キャッシュフローの裏付けがあり収益性の高い資産については、早めに贈与しておくことでその資産からの収益を次世代に蓄積できるようになり、それが相続税の準備にもつながります。

こうしたメリットがある一方で、デメリットも存在します。贈与する財産の評価が贈与時に行われるというのは、裏を返せばその価値が将来下落してしまうと税金が割高となるリスクがあるといえます。

また、万が一後継者のほうが先代理事長より先に亡くなってしまうと、先代理事長が相続時精算課税による贈与財産も含めて相続する形になり、実質的には二重に相続税を支払うことになります。事業承継のタイミングは、相続について考える最良の機会でもあります。理事長の財産を整理し、相続税の特性や相続時精算課税制度を踏まえたうえで支払金額を想定して、できるだけ早く準備を始めなければなりません。

［第3章］

理事長になるには地元評議員会からの決裁が必要——地域住民・議員・名士から信頼されるためにすべきこと

事業承継に影響力をもつ「評議員会」

事業承継に当たり後継者が引き継ぐのは理事長の座だけではありません。先代理事長が築いてきた人脈や地域との関係性もまとめて引き受けます。

これは逆にいうと、地域の人々の信頼に応え得る人間でなければ理事長にはなれないということであり、実際に地元の名士からの反対で事業承継がうまくいかないケースがあります。

これは至極当たり前の話でそもそも社会福祉法人は地域とともにあり、そこに住む人々の役に立つために存在しています。もし理事長がその役割を全うできないのであれば、社会福祉法人自体の存在意義が失われてしまいます。地域の福祉介護サービスを維持するためにも、事業承継において地域の人々は後継者の資質に目を光らせる必要があるわけです。

実際の事業承継で理事長の交代に対し影響力をもっており、かつ地域とのつながりが深いのは社会福祉法人の諮問機関である評議員会です。評議員会は法人運営を監督する立場にあり、事業承継でも後継者が不適切ではないかを見極めます。

評議員の選定に当たっては法律上、社会福祉法人の適正な運営に必要な識見を有する者から選ぶことになっています。特別な資格が求められるわけではなく、多くの法人ではその地方で影響力の大きな人物といった地元の名士にその役目を託していると思います。

なお評議員会の設置要件としては、評議員の数は理事定数の2倍を超える数とすることや、社会福祉法人の運営に密接に関連する人材が評議員の3分の1を超えないこと、地域の代表として自治会や町内会、婦人会等の役員などを加えることなどが挙げられています。

評議員会の大切な役割の一つに、社会福祉法人における意思決定機関である理事会を構成する理事の選任があります。ちなみに理事の選任に当たっては、その定数を6人以上とすること、理事には社会福祉事業について学識経験を有する者または地域の福祉関係者を加えること、施設運営の実態を法人運営に反映させるため1人以上の施設長等を含めること（ただし職員が理事総数の3分の1を超えてはならない）といった定めがあります。

また、一族で法人を営んできたようなケースでも、理事に親族を配置できる数は決まっており、理事定数が9人までなら1人、10～12人なら2人、13人以上だと3人という制限があります。

理事会、評議員会、そして理事長という三者の関係についても整理しておくと、理事長の選任は理事会の互選で行われ、理事会を構成する理事の選任は評議員会が行い、評議員会を構成する評議員の嘱託は理事長が理事会の同意を得て行うという形が多いです。

新理事、新評議員選出の流れ

新たに理事長となる際には、自らを支えてくれる役員と評議員の選出を行わねばなりません。そのメンバーを先代から引き継ぐ場合でも、改めて役員や評議員に任命し直す必要があります。その選任手順としては、①現理事会の開催、②現評議員会の開催、③新理事会の開催、④理事変更登記、という流れが一般的です。

①現理事会の開催

まずは現理事により新たな評議員を選任します。現理事は、新評議員へ就任依頼を行い、任期開始前日までに就任承諾書を集めます。

②現評議員会の開催

新しく決まった評議員のメンバーについて報告がありつつ、新理事の選任は現評議員によって行います。現理事長は、新理事へ就任依頼を行い、任期開始前日までに就任承諾書を集めます。

③新理事会の開催

新たな任期開始の当日に、理事会を開催します。ここで新理事の互選により、新たな理事長を選出します。定款の変更が必要になる場合にはその変更決議も併せて行います。

④理事変更登記

任期開始日から2週間以内に、理事変更の登記を行う必要があります。たとえ理事会のメンバーが変わらなくとも、改めて登記しなければなりません。なお、登記に必要となる書類は、理事長の委任状、法人の定款、新理事会の議事録、旧理事会と旧評議会の議事録、就任承諾書などです。

このように進行していく新理事や新評議員の選定ですが、当然ながら候補者にはあらかじめ声を掛け、事前に承認を取っておきます。特に評議員は大先輩に当たるような地元の名士に依頼することも多いですから、新たに依頼する際などは三顧の礼を尽くすべきです。

地元の名士との関係構築

事業承継に当たって役員や評議員をどれだけ入れ替えるかは、法人ごとの判断になります。極端な話でいうと全員を交替して新体制を発足させてもいいのですが、実際にそのようなことはまずないと思います。法人運営に直接的に携わる役員はもちろん、評議員のなかにも運営に欠かせない存在がいて、そうした人材はできる限り長くその地位にとどまってもらいたいからです。

社会福祉法人の運営は、評議員になるような地元の名士に支援してもらわねば成り立たない部分があります。すなわち、地元の名士をいかに巻き込み、評議員として法人運営に力を貸してもらうかが、理事長の腕の見せどころであるといえます。

私の法人では先代理事長だった父が地域とともに生き、幅広い人脈を構築してきました。したがって私がその地盤を受け継ぐ時点ですでに支援してくれる理解者がたくさんおり、実際に理事長になってみて初めてそのありがたみがよく分かりました。壁や困難に当たった際に、必ず誰かが助けてくれたのです。

例えば、父の代から長い付き合いの金融機関は事業承継を終えてからしばらく赤字が続いたときにも、金利を抑えて運転資金を用立ててくれました。社会福祉法人に監査が入り、改善策の立案に苦労していたときには評議員の一人である市議会議員が行政の法律担当部署に話を通してくれ、法解釈の仕方や新たな手法を学ぶことができました。彼はほかにも法人と行政との間に入り数々の調整を行ってくれました。

福祉介護施設において特に重要になってくるのが、医療機関との関わりです。医療機関と介護施設は、利用者の層が重なる部分もありライバル関係にあるのですが、一方では双方で地域を支えるパートナーでもあります。

介護施設において医療が必要な人が出れば当然、近隣の医療機関を頼ることになります。また、医療機関での治療が一段落して落ちついたあと、退院させるためには受け皿となる施設が必要になることもあり、介護施設にその打診がきます。こうした関係性においては、医療機関での影響力をもつ医師と関わりをつくっておくと安心です。地域で信頼され実績のある医師といった立場の人材を評議員に迎え入れることができたなら、心強い味方となってくれます。

昨今のコロナ禍では、医療体制がひっ迫し厳しい状況が続いたことがありましたが、事情は分かっていても施設の利用者が病気になれば医療機関を頼るしかありません。そうした際にも、評議員である医師の口利きがあるのとないのとでは、病院側の対応がまったく違ってきます。また、医師とのつながりから利用者を紹介してもらえることもあるなど、メリットは大きなものです。さらに介護業界にさほど明るくない人からは完全なライバル関係と思われがちなほかの施設の理事長も、味方につければ心強い存在です。どうしても人手が足りないときに、働き手の都合をつけてくれるなど、同業者だからこそ頼りにできる支援があります。

そのほかにも、弁護士や税理士の先生がたは自らの専門知識を基に運営に対するアドバイスをくれるなど、それぞれの立場からのサポートを受けられるというのは、法人にとって本当にありがたいことです。したがってもし自分の代で新たな評議員を何人か選出することになったなら、自らの法人や施設には何が足りないのか、どんな支援が必要なのかをまず考え、それを埋める力のある人材を探すといいと思います。

とはいえそう都合よく、地元の名士が力を貸してくれるはずもありません。やはり三顧の礼を尽くすとともに、自らの地域に対する思いや法人としての理念をしっかりと伝えて相手の気持ちを動かす努力が必要です。

地元の名士との信頼関係をつくるために最も重要といえるのが、地域とのつながりです。普段から地域のために尽くし、地域を大切にする姿勢を取り続けていくことでようやく地域のなかで認められ、名士からも信頼されるようになります。

今思えば、父が長男の私に中学受験を前提とした進学塾に通わせながらも地元の公立校に通うよう勧めたのも、そこでの友人関係がのちに地域とのつながりとなってくると分かっていたからだと思います。父はずいぶん早くから事業承継を見据え、たくさんの種をまいてくれていたのです。

また、父は地元の神社仏閣に根付いたお祭りには必ず参加し、地域の人々との交流を欠かしませんでした。これは私も見習っており、お祭りや自治会、ＰＴＡといった地域とつながれる場にはほぼ欠かさず参加してきました。地域の若手が集まる会合では積極的にまとめ役となり、リーダーとしての一面をアピールするようにもしました。

こうした地道ともいえる積み重ねにより地域のなかで次第に自分の居場所ができ、「この地域とともに生きていく」という思いが本気であると伝わります。そのような姿勢であれば、地元を愛する名士たちは必ず力を貸してくれるはずです。

橋渡し役としての先代理事長の役割

そうした法人外の人々に対する信頼を積み上げる努力に加え、法人内にも目を向けなければいけません。理事会メンバーをはじめ内部の主要な人材が力を貸してくれなければ、理事長はその役割を果たすことができないからです。

ただし、先代理事長を慕ってここまで歩んできた実力者たちの信頼を勝ち得るのは、容易ではありません。先代と同じカリスマ性を備えているなら別かもしれませんが、実績のない後継者が、一朝一夕で信頼されるようなことはまずないと考えるべきです。

後継者としても、果たして事業承継後にベテラン社員たちが自分についてきてくれるか心配なものです。長く福祉介護の業界を歩んできた人が理事長になるならまだしも、異分野から業界に飛び込んだ私のような理事長は特に不安が強いと思います。

一般企業なら後継者は事業で実績を上げればそれで信頼を集められるかもしれません。しかし非営利団体では、そうした数字で実力を認めさせるようなことはなかなかできないものです。したがって理事長が代わってすぐに自らの力のみで職員たちの信頼を勝ち得るというのは現実的とはいえません。ではどのように法人内の実力者をはじめとした職員たちの気持ちをつかんでいけばよいのかというと、それには先代理事長の協力が不可欠です。

私の経験からいっても、スムーズに人材の承継ができたのは先代理事長であった父の心配りのおかげであると感じます。まだ法人に入ってすらいなかったときから父は私を後継者として扱ってくれました。ある日、父がベテラン職員たちを自宅に招き、その宴席に私が呼ばれたことがありました。

そこには父の右腕であり、法人で父に継ぐ要職であったB氏もいました。B氏にとってみれば自分の子どものような歳であり、しかも法人内で経験を積まずに外で福祉介護とはまったく違う勉強に熱中している私に、果たして法人を継ぐことができるのか心配になったのだと思います。

お酒が入っていたのもあってか、B氏は次第に私に対して厳しいことを言うようになり、いつしか「お前は二代目としてなっていない、何もできない」と説教を始めました。最初はがまんして聞いていた私も途中で耐えられなくなり、つい口答えをしてしま

う と売り言葉に買い言葉でけんかになってしまいました。

そのとき父は、どちらをいさめるわけでもなくただ黙って耳を傾けていました。翌日、B氏は頭を丸めてきて、父と私に対して頭を下げました。誰もが認める実力者であるにもかかわらず、すぐに非を認めて謝れる人間の大きさに私はただただ恐縮するばかりでした。

その後父は、私に向かって静かにこう言いました。

「俺は、お前が何もできないとは思わない。しかしBさんの否定もしない」

Bさんのこれまでの功績を誰よりも知っているのは父でした。そんな父だからこそ、どちらの肩をもつこともしなかったのだと思います。自分にしかできないことを見つけて真摯に取り組み、いずれBさんに認められるようになるまで頑張ってみろ——。父からのそうしたエールなのだと私は感じました。

その後も、父はことあるごとにBさんを筆頭としたベテラン職員たちと私を引き合わせ、私の性格やキャラクターをアピールしてくれました。そうして組織の外にいる頃から少しずつ法人に私という存在をなじませてくれたおかげで、法人に入職したときにはスムーズに後継者として環境に飛び込むことができたのです。

ただし、初めから法人で働くすべての職員に認めてもらえたわけではありません。入職まで面識のなかった多くの人にとっては、むしろいきなり現れて後継者扱いを受けている「異邦人」という感覚だったと思います。その溝を埋めてくれたのも父でした。

全体会議など職員たちが集まる場で、ことあるごとに私に発言を求め、私を立ててくれました。事業承継に当たっても相談役として法人には残りつつ「今後はすべての決定は新理事長が行う。あらゆることを任せ、自分は意思決定には関わらない」と明言し、そのとおりの立場を貫いてくれました。

このような父の尽力もあって事業承継はかなりスムーズにいきましたが、父と20年以上も仕事をしてきたベテラン職員から見れば、私などまだまだ実力の伴わない若輩者に過ぎません。それでも反発せずに支えてくれたのは、五葉会の理念だけはしっかりと受け継いだからに違いありません。結局、ベテラン職員は法人の理念のもとに集い、それをずっと体現してきた人々です。したがって私のあらゆる判断が理念に基づいたものであれば、意見はそこまでずれることがなかったというのが大きかったと思います。

自分にしかできない改革を実行する

そしてまた、私としてもベテラン職員を含めたすべての職員たちに認めてもらう努力をしてきました。社会福祉法人では一般企業と違い、利益を出し事業を伸ばすというような方法では実力をアピールすることはできません。しかし施設をよりよいものにする、利用者をもっと幸せにする、というような形での貢献、そしてアピールは可能であり、私はそれを目指すことにしました。

父とは違った自分にしかできない新たなやり方で、施設を今よりもっと良くするにはどうしたらいいか、考えた末に私が取り組んだのがアクティビティケアの導入と実践でした。結論からいうと、アクティビティケアの実践と成功により私は職員たちから一目置かれるようになり、そこでようやく事業承継の目途が立ちました。このような自分にしかできない改革を行うというのは、職員たちからの信頼を得る強力な手段ですので、一つの事例として少し詳しく解説しておきたいと思います。

アクティビティケアは、日本語に訳せば「活動介護」であり、福祉介護施設におけるアクティビティ（利用者の心身を活性化するための活動）のなかで実践するケア手法です。福祉介護施設では、利用者の日常生活を全般的にサポートし、衣・食・住のさまざまなシーンで介助や介護を行います。

しかしそうした業務だけでは、人はいきいきと暮らしていくことはできません。いくら利用者の身体を快適に保ち、安全な環境をつくっても、それだけで幸せになることはないのです。

では、人がいきいきと過ごすために重要なのは何かというと、「感情」にほかなりません。感動し、喜び、癒され、満足する。そんな心の震えがなければ充実した日々を送れません。これはあらゆる人に共通していえることですが、何があっても無感動、無関心という状態では幸せもまた感じられないはずです。感情の起伏のなかでこそ人は自らの幸せを実感し、生の喜びを噛み締めることができるのだと私は思います。アクティビティケアを端的にいうなら、利用者の心を動かし豊かにするための活動であるといえます。

具体的な取り組みとしては音楽鑑賞、園芸、手工芸、絵画、書道、動物との触れ合いなど、その選択肢はかなり多岐にわたります。そこからどんなアクティビティを導入するかは、施設の理念や状況、利用者のニーズによって変わってくるはずです。

ここまで読んで、アクティビティケアとはレクリエーションと同じようなものだと感じた人もいるかもしれません。確かに見た目としては、アクティビティケアもレクリエーションもさほど変わりませんが、実は本質的には大きな違いがあります。レクリエーションには、娯楽や気晴らし、レジャーといった意味合いがあり、主に疲れた心身をリフレッシュするという文脈で用いられる言葉です。

一方のアクティビティケアは、より学術的な意味合いが強く、科学的、医学的なエビデンスに基づいて行われる活動です。福祉介護施設においては、レクリエーションが短期的な気分転換、余暇活動のために行われるのに対し、アクティビティケアは身体の機能維持やメンタルセラピーなどを目的に中長期で行われるべきものであるというのが私の定義であり、意図的にこの2つの言葉を使い分けています。

改革をどう軌道に乗せるか

私がアクティビティケアと出会ったのは、大学院に通っていた頃でした。大学院ではアニマルサイエンスを学んでおり福祉介護の現場からは遠のいていたのですが、いずれは五葉会を継ごうと考えていたため福祉介護の情報にも常にアンテナを張りながら生活していました。

ある日、国際学会で登壇するためにスウェーデンを訪れたのですが、せっかく福祉先進国に来たのだからということで、ナーシングホームという高齢者施設を見学させてもらいました。その施設は日本でいう特別養護老人ホームに近いもので、まさに生活の場という印象でした。明るくフレンドリーな雰囲気で職員たちも楽しそうに働いていて、さすが福祉先進国だと感銘を受けたのを覚えています。施設の構造は4階建てで、2階から4階までは認知症の高齢者が暮らしていたと記憶していますが、私が衝撃を受けたのは、1階でした。それぞれの部屋に音楽室、美術室、カフェ……といったプレートが下がっていたのです。

私はすぐにスタッフに詳しく聞くと、これらのスペースは利用者がいつでも使えるように専用の部屋が用意されていました。さらに各部屋にはそれぞれセラピストが常駐し、訪れた利用者に対応して一緒にアクティビティを行うのです。そんな説明を受け、私は心底驚きました。当時、日本の介護施設はあくまで介護の場であるという色合いが濃く、アクティビティのためにワンフロアを用意するなど考えられませんでした。音楽室や美術室を造るだけでなく、専門のセラピストまで配置するようなところはおそらく日本国内には皆無だったと思います。

ただし、このアイデアをそのまま日本に持ち込んでもうまくいかないことはなんとなく想像がつきました。日本の高齢者は奥ゆかしく、自分から部屋に足を運ぶような積極性のある人は少なそうだったからです。その一方で大いなる可能性も感じていました。

（部屋を設けるのではなく、アクティビティケアの専門部隊をつくり、一つのシステムとして介護メニューに組み込んでみてはどうだろう）

アイデアをしばらく温めたあと、2014年に新たな施設を造ることになったタイミングで、私は「五葉会アクティビティケア構想」を現実のものとするべく動きだしました。アクティビティケアチーム（Activity Care Team）の頭文字を取り「アクト（ACT）」と名付けたチームを発足し、施設の開設準備を進めたのです。

そしてアクトの目玉となる取り組みの一つが、私の専門領域であるアニマルサイエンスとリンクする、アニマルセラピーでした。なお、アニマルセラピーという言葉にはいくつかの定義がありますが、本書では治療を目的とした動物介在療法と、動物との触れ合いを楽しむのが目的の動物介在活動の両方を総称した広義な意味で、アニマルセラピーという言葉を用いることとします。

実はアニマルセラピーに関しては、２０００年代から公益社団法人日本動物病院協会が推進する「動物とのふれあい活動（CAPP）」を導入し、ボランティアの方々の協力を得ながら行ってきており、すでに利用者から好評を得ていました。そんな背景もあって、私はアニマルセラピーがアクトの柱となると確信したのです。そのほかには法人の創設の頃からボランティアの方々の力を借りて大きな効果を得た音楽療法にも力を入れることにしたのです。

最終的に、新たな施設には動物介在専門員と音楽療法士を常駐させるとともに、アクト専門の部隊を創設して活動を行うことになりました。こうして新たな施設で、おそらく日本初となる取り組みをスタートさせたのですが、やはり順風満帆とはいきませんでした。アクト専門の職員たちは前向きに頑張ってくれましたが、介護を担当する職員たちからは、介護を何もやらず遊んでいるだけ、あの人たちはいつも犬の毛を付けて利用者のところに来る、ただ歌って犬を触っているだけなのに給料をもらっているといった大ブーイングが次々に上がったのです。

そのような不満が噴出し、はっきりいって敵視されていた状況だったのですが、なぜそこまで強い反発があるのか、私は最初のうち理解できませんでした。逆にむきになり、アクトのすばらしさを介護担当の職員たちに広めようともしました。

しかし一向に事態は沈静化せず、私の評判は下がるばかりでした。

(アクトチームがいきいきと仕事をしているのが、うらやましいんだ)

最初はそのように考えていたのですが、実はそれが大きな間違いであり、私の姿勢に問題があるとのちに気づきました。介護担当の職員たちは、利用者の身体介護をすることこそ最大の喜びであり、十分にいきいきと働いていたのです。そのことを分からずに

「アクトのほうが楽しい」と勝手に決めつけて、アクトの良さを認めさせようとばかりしていたのが、職員たちの反発を招いた最大の理由でした。

そこから私は、目線を大きく変えました。アクトの良さを伝えるのではなく、アクトがいかに利用者を笑顔にするかを説くようにしたのです。そして学術的な根拠を挙げながら、アクトと介護の融合という私が考える理想像を発信し続けました。そんな努力に加え効果的だったのが、アクトを実施してからみるみる変わっていく利用者の姿を多くの職員が目の当たりにしたことでした。

新しいチャレンジに反発は付き物

例えばアニマルセラピーには、時に固く閉ざされてしまう利用者の心を解きほぐし、生きる楽しみを思い出させるような力があります。認知症を患っていた利用者のHさんは、誰かに助けてもらわねば生活できないことを気に病み自尊心を失っていました。いつも「私などいないほうがいい」と口にし、ネガティブな感情にさいなまれることが多いようでした。

そんなHさんに対し、アクトの職員は「お子さんは、確かお嬢さんでしたよね」と語り掛けました。そして、娘が幼い頃に髪を毎日といたり結ったりして大変だったろうと続け、「私なんてこの子のブラッシングも面倒なんですよ」と言って犬のブラッシングを目の前で見せたそうです。

するとHさんはブラシを手に取り、「毎朝髪を結ってあげるのも、今考えれば楽しかった。ワンちゃんだって毎日、櫛を入れてあげなきゃね」と言って、それ以後Hさんは活動のたびに犬を抱き、ブラッシングをするようになりました。そして動物のぬくもりに癒され、表情は明るく変わっていきました。

また、中程度の認知症だったKさんは、少々気難しい性格の女性で、職員に対してもいら立つことが多くありました。特にトラブルが起きやすかったのが入浴で、時間をかけてお話ししても「お風呂には絶対に入らない」とかたくなに拒否することが続きました。そこからさらに気難しさが増し、しょっちゅう職員を怒鳴ったり、手を上げたりするようになってしまいました。

ある日、Kさんのところに犬を連れて行きアニマルセラピーへの参加をお願いしたところ、いつも硬かった表情が少しだけ緩んだように見えました。するとKさんはおもむろに犬を抱き上げ、なでたりブラシをかけたりと楽しそうに触れ合いました。

後日、職員がそのときの写真を部屋に持って行くと、Kさんは満面の笑みで受け取り、すぐに見えるところに飾りました。そして「あのワンちゃんは次いつ来るの」と職員に聞いたそうです。次のアニマルセラピーは1カ月後でしたが、その間Kさんは、時に写真に話し掛けるなどしながら、再会を心待ちにしていました。そして念願のアニマルセラピーを翌日に控え、「明日はあの子に会うから」と言ってお風呂に入って服を着替えたいとリクエストしたのです。

そこからKさんは、次第に身だしなみを気にするようになり、お風呂はもちろん自ら洗顔をしたり口紅をひいたりするようになりました。それと併せて不穏な言動は鳴りを潜め、穏やかになっていきました。

認知症という脳の病を抱えた利用者にそんな大きな変化が表れるのは、おそらく現代医学でも明確には説明がつかないことだろうと思います。しかしアニマルセラピーの現場では、こうした奇跡が何度も起きているというのはまぎれもない事実なのです。

アニマルセラピーだけではなく、音楽療法でも同様のことが起きています。90歳を超え、記憶がややぼんやりしてきたOさんは、食欲もあまりなく、足腰の機能も低下してきて、積極的に何かをするようなことはない女性でした。

静かに毎日を過ごしていましたが、お世話をする職員の一人がOさんがたまに何かの曲をハミングしているのに気がつきました。そこで「歌がお好きなのですか、歌ってみませんか」と声を掛けたら、にっこり笑ってうなずいたそうです。伴奏を用意するために何を歌いたいのか聞いたところ、曲名は思い出せなかったのですがハミングをしてくれ、比較的有名な曲だったので準備ができました。

伴奏を担当したのは音楽療法士です。Oさんはいざ歌い始めると、日頃の物静かで控えめな印象ががらっと変わり、はつらつと声を上げました。ただ歌詞が若干アレンジされていて、それを不思議に思った音楽療法士が聞くと、笑顔で答えました。

「小さい頃に友達と歌っていた曲でね、息子にもよく歌ってあげていたのだけれど、息子が歌詞を間違えて覚えちゃったの。でもそれがかわいくて、そこから私にとってこの曲はこの歌詞になったの」

こうして幸せな記憶とともに歌を歌うようになってから、Oさんは食事の量が増え、職員とのコミュニケーションもよく取るようになりました。表情も明るく、生きる力を取り戻したように私には見えました。

音楽には、人の心に直接訴えて記憶や体験を呼び覚ます効果があります。それがプラスに働くことは多く、時に利用者の気持ちを明るく前向きに変えてくれるのです。このようにアクトの活動を通じ、利用者がより幸せになっていく様子を現場で介護をしている職員たちは誰よりも近くで見ていました。

介護担当の職員も、結局は大きな家族の一員である利用者が幸せになるのを望んでいますから、アクトに対する批判は次第に収まっていきました。そしてアクトが目に見える形での成果を出していったことで、私への信頼も次第に厚くなっていきました。そこでようやく法人全体から、後継者として認められたような感覚になったことを今でも覚えています。

新しい物事を取り入れるときには反発は間違いなく出るものですし、そう簡単には浸透しません。しかしそれでも諦めることなくチャレンジを続け、折れない心で少しずつ実績を積み重ねていけば、いつか必ず認められる日がくるのです。

日々のコミュニケーションの積み重ね

ここまで社外、そして社内に後継者として受け入れてもらうためのノウハウを記してきましたが、それに加えて大切なのが、地域住民の人々にも認められることです。五葉会では特に、地域の人々もまた大きな家族ととらえ、積極的にコミュニケーションを取ってきています。父の代からすでに五葉会は地域に溶け込んだ存在ではありましたが、だからこそ事業承継に対する注目度が高かったのです。自分がそのうちお世話になるかもしれない施設の新理事長について知りたいというのは、至極当然の話です。

介護施設においては、地域の人々はいずれ利用者になる可能性が高い存在ですし、地域の人々からしても自分のなじみの施設があれば安心できると思います。とはいえまだ介護とはほど遠い年齢の人々が、自分から施設を見学に来るようなことはまずありません。コミュニケーションを図るには、こちらからその機会をどんどんつくっていく必要があります。

現在はコロナ禍で触れ合いがなかなか難しいですが、コロナ前まで五葉会では地域の夏祭りに参加したり、施設で増えたメダカをプレゼントしたり、夏には施設前でレモネードを振る舞ったりと、さまざまな試みを行ってきました。

私もまた、地域の人々に対し後継者として顔を売らねばなりませんでしたが、そこで結果として役に立ったのがアクトでした。私が施設のセラピー犬を散歩させていると、地域の人からよく声が掛かりました。犬をきっかけに会話が始まり、自らの素性を話すと「ああ、あの五葉会の息子さんだったの」と納得してもらえました。

そんな毎日のコミュニケーションの積み重ねで、地域の人々とも顔なじみになりました。「そのうち私の面倒もみてね」などと冗談めかして言われるような関係になれたのは、とてもありがたいことです。

社会福祉法人の使命は地域を支えることです。五葉会でいうなら地域貢献と介護はシームレスな関係であり、「大きな家族」としてともに地域で生きていくことを何よりも大切にしています。事業承継も最終的には地域の人々に受け入れられて初めて成功したといえるものだと思います。

［第4章］

厳しい行政監査でも利益を計上し続ける――先代が培ってきた「会計力」を後継者に引き継ぐ

措置から契約へという流れのなかで、福祉介護業界に民間企業が参入し、社会福祉法人にも経営の視点が強く求められるようになって久しく経ちます。社会福祉法人は基本的にその地域に必要な存在で、だからこそ非課税をはじめとした行政からの支援があり、赤字になっても一般企業ほどすぐに倒産するようなことはありません。

しかしそれでも、倒産劇が起きてしまうというのが現在のリアルな社会福祉法人の姿であり、理事長が行政の支援を当てにして経営に力を入れないような法人は今後、淘汰される可能性が高いと私は考えています。

特殊な社会福祉法人の財務

社会福祉法人の経営を語るうえで外せないのが、会計の知識です。具体的な法人会計業務では会計士や税理士といったプロフェッショナルの力を借りるとしても、事業のトップとして経営判断を行っていくためには最低限、おさえておくべき会計の基礎知識があり、事業承継までに身につけておきたいところです。社会福祉法人における会計力を語っていくに当たり、まずはそこから紹介していきたいと思います。

そもそも社会福祉法人とは公益性の高い組織です。日本国憲法の第89条では「公金その他の公の財産は、宗教上の組織若しくは団体の使用、便益若しくは維持のため、又は公の支配に属しない慈善、教育若しくは博愛の事業に対し、これを支出し、又はその利用に供してはならない」と定められています。つまり公金を使う以上は、実質的に「公の支配に属している」と示しているわけです。会計に当たっても公益性を担保するというのが前提となります。

社会福祉法人の財務構造には、一般企業には見られない特性があります。まず収益については、介護報酬などの主な収益源について価格水準が制度ごとに規定されており、法人が自由に価格を決めることはできません。またいずれの法人も労働集約型の事業を展開し、人件費がかさみがちです。さらに施設を展開するなら、設備投資に伴う減価償却が大きくなります。設備投資は将来の設備更新を見据えて資金を積み立てていく必要があります。

こうした特性をおさえたうえで、具体的な会計の書類として法人経営で最も重要な指標となるのが、「賃借対照表」「事業活動計算書」「資金収支計算書」の3つです。これらは一般企業の会計においては「財務三表」といわれるものです。それぞれ詳しく見ていきます。

【賃借対照表（B／S）】

法人のあらゆる資産と負債を対照させ、その差額としての純資産を示すものであり、経営の安定度を示します。英語である「Balance Sheet」の頭文字をとってB／Sと呼ばれることもあります。

書き方としては、左半分に法人が所有する資産の一覧を並べ、その資産を人から借りたもの（負債）と、自分自身のもの（純資産）に分けたうえ、右半分で表示します。資産の総額と、負債と純資産を足した額は一致するはずです。

賃借対照表の具体的な内容としては、大きく次の5つに分類することができます。

「固定資産」

1年以内に現金化できない資産です。施設の建物や土地、器具や備品、車両など現状ですぐに売ることはできないものが入ります。

「流動資産」

1年以内に現金化できる資産です。預貯金や有価証券に加え、すでにサービスを実施して今後受け取ることが決まっている未収金や受取手形、そして棚卸資産（製品の原材料や在庫）も流動資産に当たります。

「固定負債」

施設の大幅な改修や新設備の導入など完済まで時間のかかる大きな支払いのことで、返済や支払いの期間が1年よりも長い負債です。

「流動負債」

未払い金や短期借入金など、1年以内に返済や支払い期限が訪れる負債のことです。

「純資産」

法人としての収入や、国や地方公共団体からの補助金、寄付金など、返済義務のない資産のことです。

【賃借対照表のチェックポイント】

まず確認すべきは、負債と純資産のバランスです。それを見る指標として自己資本比率（純資産比率とも呼ばれる）があります。自己資本比率は純資産を総資産で割ることで導かれ、高いほど多くの資金を借入以外の方法で調達していることになり、倒産しにくいといえます。自己資本比率の値は負債よりも純資産の金額が多ければ50％を超えますが、一般企業なら40％を超えれば安定しているとされます。ただ、社会福祉法人だと多くの場合、70％や80％という値となるはずです。その理由は、利益のほとんどが課税対象ではなかったり、固定資産を取得する際に補助金の交付があったりといった、社会福祉法人ならではの特殊性があります。具体的には75％を超えているなら、経営が比較的安定しているといえます。

次に見るべきなのが流動資産と流動負債のバランスです。1年以内に現金化できる資産よりも、1年以内に支払期限が訪れる負債のほうが大きい場合には、短期的な支払い能力に問題があります。また流動資産が流動負債より多くとも、キャッシュが不足し支払いが滞れば倒産のリスクが高まりますから、預貯金の残高も常に把握しておかねばなりません。

もうひとつ重要なのが、固定資産と固定負債、そして純資産のバランスのチェックです。すぐには現金化できない固定資産は、固定負債と純資産によって賄われているべきもので、さらにそこで固定負債よりも純資産の割合が高いほど望ましい状態といえます。純資産こそが、資産の実態を示すものなのです。

【事業活動計算書】

一定の期間における成果として純資産がどれだけ増加したかを測定するための表です。一般企業の「損益計算書（P／L：Profit and Loss Statement）」の社会福祉法人バージョンです。

事業活動計算書では、売上高から費用を差し引き、儲けとして利益を算出します。この利益を「増減差額」といいます。そして利益がどのようにして生まれたかを明らかにするため、さらに5つの増減差額に分けて考えます。

「サービス活動増減差額」

事業活動計算書の最上部にくる「サービス活動収益」（売上）から、人件費や事務費といった「サービス活動費用」（経費）を差し引いたものです。これがいわゆる本業での儲けであり、最も重視される指標の一つです。

「サービス活動外増減差額」

本業以外で発生した売上である「サービス活動外収益」（預金利息、補助金、受入研修費収益など）から、経費として「サービス活動外費用」（返済金利息など）を差し引いたもので、本業以外での儲けを指します。

「経常増減差額」
サービス活動増減差額とサービス活動外増減差額を足した全体の利益です。

「特別増減差額」
一時的な収益である「特別収益」（施設整備等補助金収益、固定資産受贈額など）から、一時的な費用である「特別費用」（固定資産売却損、国庫補助金等特別積立金など）を差し引いたものです。

「当期活動増減差額」
経常増減差額に特別増減差額を足したものです。これが一定期間内のいわゆる最終黒字、最終赤字に当たる数字です。

こうした5つの増減差額に加え、「繰越活動増減差額」（前期繰越活動増減差額、基本金取崩額、その他の積立金積立額および取崩額など）が存在するのが社会福祉法人の特徴です。そして当期活動増減差額に繰越活動増減差額を加えたものが「次期繰越活動増減差額」であり、いわゆる内部留保の主軸となります。

［事業活動計算書のチェックポイント］

その期間が赤字か黒字かを示す当期活動増減差額は確かに重要ですが、ほかの増減差額の内容も確認し、最終利益の増減にどのような影響を与えたかをしっかりと見ていくことで、法人の経営状況を把握します。例えば有価証券の売却などで法人全体では黒字となっていても、サービス活動増減差額が赤字であったなら早急な経営改革が求められます。また、前年度と対比して大きな変化のあった項目は、その原因をつかんで適切に対応する必要があります。

【資金収支計算書】

一定期間における支払資金残高の増減を測定するための表です。支払資金残高とは、支払い準備のために保有する現金や預貯金、短期間のうちに回収される未収金といった流動資産と、短期間で決済される未払金などの流動負債の差額です。

資金収支計算表は一般企業のキャッシュ・フロー計算書（C／F：Statements of Cash Flows）に当たります。社会福祉法人の会計において記載されるべき内容は、大きく次の3つに区分されます。

「事業活動による収支」

経常的な事業活動による収入および支出です。本業から生み出される流動資産や流動負債を示すためプラスであるべき数値で、数期にわたってマイナスなら事業がうまくいっていないということになります。

「施設整備等による収支」

固定資産取得支出、施設整備等補助金・寄付金収入、設備資金借入金収入、設備資金借入金元金償還支出などの収入および支出です。一般論としては、積極的な設備投資によりマイナスになっているのが望ましいといわれます。

「その他の活動による収支」

長期運営資金の借入や返済、積み立て資産の積立や取崩といった、前述の2つ以外の収入および支出です。

［資金収支計算書のチェックポイント］

法人全体として支払資金残高が減少しても事業活動による収益はプラスで、新施設の建造などで施設整備等による収支がマイナスになっているような状況なら、資金繰りは安定していると考えられます。

一般企業でのキャッシュ・フロー計算書は現預金を対象として支払い能力を判定することができますが、社会福祉法人の会計における資金収支計算書の支払資金の残高は、流動資金と流動負債の差額でしかないため支払い能力を判定するための材料としてはやや役者不足です。支払資金残高は未収金や借受金、立替金などを含むこともあり、残高が計上されていても支払い手段として現預金が不足する可能性があります。

したがって社会福祉法人の資金繰りについては賃借対照表の現金預金残高から管理する必要があります。

社会福祉法人経営の指標

これまで社会福祉法人においては、施設や事業所単位で認可や整備補助が行われてきたこともあり、経営は施設単位で行うものでした。各事業所が連携を取って法人全体として経営を行うような姿勢は弱かったので、福祉ニーズの拡大や民間企業の参入などにより、経営的な視線が求められるようになりました。そのため、法人全体でより効率的に事業を行う必要性に迫られています。複数の施設や事業所を運営するなら、理念と目標は法人としてしっかり共有したうえで、人材のやり取りをはじめとした連携を行うべきです。

経営においては、現行の制度だと小さな施設はどれだけ頑張っても赤字が出る状況となっています。実際に五葉会の手掛ける50床の施設も、単体で見れば赤字が続いています。しかしその赤字を１００床を超えるほかの施設の利益で補填し、コロナ禍以前までは黒字化を達成していました。社会福祉法人の運営ではスケールメリットが存在し、大きな施設を複数抱えるほど経営的には楽になっていくことが多いですが、一方で大きな施設を造るには当然、初期投資がかさみます。

こうした経営判断を行うには、まずは自らの法人がどのような状態にあるかを客観的に評価する必要があり、賃借対照表や事業活動計算書、資金収支計算書といった会計書類はそのためにあるといっても過言ではありません。具体的に自らの法人をどう評価すればいいかというと、基本となるのは過去との比較です。賃借対照表や事業活動計算書の書式も、前年度比となっています。5年ほどまとめて分析を行えば、経営状況や環境の変化、介護報酬の改定の影響などが見えてくると思います。

ほかの法人と比較するのも一つの方法です。公開されている情報は限られていますが、それでも自らの法人の強みや弱みを分析するきっかけとなると思います。また、施設間での比較も効果的です。予算管理の単位となる拠点ごとの比較や、経営の最小単位であるサービス区分ごとの比較を行ったうえで、施設や事業所の管理者が何をすべきかを導き出していきます。ここで社会福祉法人の経営における具体的な指標の例とその計算式をいくつか挙げておきます。

【賃借対照表から算出できる指標】

「当座比率」

現預金による支払い能力を示すものです。短期的な指標としては１００％あると望ましいといわれます。計算式は「現預金÷流動負債」です。

「固定長期適合率」

固定資産の維持や整備にかかる資金調達のバランスを示します。固定資産の維持や整備では可能な限り返済する必要のない資金で賄うというのが理想で、この数値が１００％以下であるのが大切です。計算式は「固定資産÷（純資産＋固定負債）」です。

[事業活動計算書から算出できる指標]

「経常増減差額率」

法人の収益性を評価する基本的な指標です。この数値がマイナス続きだと事業に黄色信号が灯った状態といえ、施設の稼働状況や運営コストなどの状況を分析し、対策を講じねばなりません。計算式は「経常増減差額÷サービス活動収益」です。

「人件費比率」

人件費の割合を示すものです。社会福祉法人では業務特性上、人件費の割合が6~7割と大きくなりがちですが、人件費は簡単には削減できるものではありません。人を減らせばそれだけサービスの質が低下するリスクがあります。人件費比率の割合を下げるなら、まずは業務を効率化して人手が減ってもサービスの質が変わらぬ環境をつくっておく必要があります。計算式は「人件費÷サービス活動収益」です。

「事務費比率」

法人の維持管理に必要な費用である事務費の割合を示します。基本的には特に業務委託や修繕費といった大きな金額になるものはしっかり管理すべきです。計算式は「事務費÷サービス活動収益」です。

「事業費比率」

人件費や事務費など、目的とする事業を行うための直接的な費用である事業費の割合を示します。経費削減を目指し必要なコストまで削ってしまえばサービスの質が低下します。バランスが重要です。計算式は「事業費÷サービス活動収益」です。

【資金収支計算書から算出できる指標】

「事業活動資金収支差額率」

本業での収入と支出のバランスと、資金の獲得能力を示すものです。この指標がマイナスになっているなら、本業により運営に必要な資金を作ることができていないということになります。２期以上連続でマイナスとなるようだと、事業はかなり厳しい状態です。計算式は「事業活動資金収支差額÷事業活動収入」です。

このほかにも、各書類から導ける指標はいくつもありますが、そのどれを活用すべきかは法人のおかれている状況によって変わってきます。自法人の課題を表すのはどんな指標であり、それを改善するには何をすべきか、その都度検討するのが大切です。

限られた経営資源をどう振り分けるか

会計の基礎知識とともに経営において重要なのが、経営戦略です。現代は社会福祉法人であっても一般企業と同じように経営戦略を策定し、生き残りを図らねばなりません。

なお、経営戦略を立てるに当たってはまず経営の原則を知り、それに基づいて戦略をつくり込んでいく必要があります。経営における最大の目的は、顧客満足です。顧客のニーズやウォンツを的確にとらえ、何を望んでいるかを理解し、顧客が満足する価値を提供するのが経営であり、社会福祉法人でいうなら利用者のニーズやウォンツと常に向き合い、満たしていかねばなりません。そのうえでさらに、利用者に対しほかの法人ではまねできないような独自の価値を提供できるなら、それが競争力となります。

ただし、法人のもつ経営資源は限られたものであり、あらゆる利用者のニーズやウォンツを完璧に満たすことはできません。ヒト・モノ・カネといった経営資源は効果が出るところから配分していく必要があります。経営資源を重点的に振り分けるべきは、自法人ならではの価値の追求であり、その対象となる利用者のニーズやウォンツを特にしっかりと集めるべきです。現場での業務にも優先順位を付け、非効率であったり不要であったりする業務を洗い出して廃止するなど、「選択と集中」を行っていくことで成果が上がりやすくなります。

また、利用者のニーズやウォンツは日々変化していきますから、業務のやり方もそれに対応して継続的に改善していくのが重要です。そして会計を正しく行い判断の一助とするのも経営の原則の一つです。倒産に追い込まれる大きな原因は債務超過と資金ショートであり、事業承継後にそうならないためにも各指標に注意を払っておかねばいけません。

経営戦略を数値化する

公益性の高い社会福祉法人においては、事業活動や収入にもいくつもの制約があります。事業活動は事前の計画に基づいて実施していかねばなりませんし、収入と支出も予定内に収める必要があります。

予算についても、資金収支計算書に決算額と対比して予算額を計上しなければなりません。そして決算額との差が大きくなった科目については、その理由の記載が求められます。ここで、社会福祉法人ならではの予算の立て方について見ていきます。

まず予算は、事業年度開始前に作成しなければなりません。事業計画を金額に落とし込んだ「当初予算」を設定します。当初予算が理事会での承認を受けて確定すると、基本的にはその予算の範囲内でしか支出ができなくなるのですが、あまりに拘束的であると予期せぬ出費などに対応できず、運営に支障が出るのは明らかなため「予備費」という形で柔軟な運用のできる資金の設定が認められています。なお、予備費については法人の規模や運営方針などにより額面の設定が変わってくると思いますが、大まかな目安として収入の3~5%程度というのが一般的なようです。

新事業の開始や事業の一部廃止などで収支の見込みが大きく変わったり、人が急に辞めるなどして人件費の見込みが変動する場合など、もし予備費を流用しても予算が不足するようなことがあれば、その都度、「補正予算」を組むことになります。補正予算の時期や回数について法律上の規定はありませんが、いちいち承認手続きを踏まねばならないため、できる限り少なく抑えるのが基本です。

措置制度の時代には、予算は前年度の実績をベースに組めば問題ありませんでしたが、契約制度の時代に入り、来年度の経営計画としっかりリンクさせて予算を組むことが求められるようになりました。したがって予算は、経営戦略を数値化したものであるといえます。予算を立てる際には、3年後を基準に法人のあるべき姿を描き、そのためには今期、来期で何をしなければならないのかを考えたうえで、それを予算に落とし込んでいくのが大切です。この際、あまり楽観的になり過ぎず、現実的な範囲内での予算作成を心掛けます。

なお、予算を立てるときのポイントとなるのが、「人件費」と「収入」です。人の出入りが激しいような施設の場合は特におざなりになりがちなのが、人件費の予算化です。複数の施設を運用している際などは、理事長もよく知らぬうちに現場判断で人が増えているケースもありますが、それをよしとせずにできる限り事前に想定し、計画を立てておくのが、予算の実行性を高めます。

社会福祉法人の収入は基本的に出来高払いであり、基本報酬単価と利用者の延べ人数、そして特定の要件を満たすことでプラスされる「加算」によって決まります。加算の一方で、該当すれば最大30％も収入が減る減算要件もありますから、細心の注意が必要です。基本報酬単価は、要介護度や障がい支援区分によって変わります。当初予算を組むときは、予想される要支援度・要介護度や障がい支援区分から算出した単価に、予定の延べ人数を掛けて金額を出します。ただ、基本報酬単価のみでは黒字化は難しくなっています。特に50床以下の小規模施設では、どんなに経費を抑えても赤字になりがちです。

そこで重要になるのが、加算です。加算を多く取ることしか収入を上げる手段がないため、加算により生き残れるかどうかが決まるといっても過言ではありません。しかし加算の要件は、小規模施設では満たしづらいものも多く、大規模施設でなければ単体での運営は難しいというのが現実です。

経営を左右する「加算」とは

加算や減算の要件は法改正などで頻繁に変わります。加算要件を満たせる環境をできる限りつくるのが、理事長および上層部の重要な役割といえ、事業承継後も常に行っていくべき業務です。施設の経営を大きく左右する加算の最新版について、介護施設を例にとって重要なものをここに挙げておきたいと思います。なお、これらはあくまで概略であり、自法人の状況に合わせたより詳細な条件などは行政へ確認したほうがよいです。

【日常生活継続支援加算（Ⅰ）】

加算：36単位

＊加算1単位＝10円

要件：平成27年厚生労働省告示第96号50

イ　日常生活継続支援加算（Ⅰ）

（1）介護福祉施設サービス費、小規模介護福祉施設サービス費、小規模旧措置入所者介護福祉サービス費又は旧措置入所者介護福祉サービス費を算定していること。

（2）次のいずれかに該当すること。

a　算定日の属する月の前6月間又は前12月間における新規入所者の総数のうち、要介護状態区分が要介護４又は要介護５の者の占める割合が１００分の70以上。

b　算定日の属する月の前6月間又は前12月間における新規入所者の総数のうち、日常生活に支障を来すおそれのある症状若しくは行動が認められることから介護を必要とする認知症である者の占める割合が１００分の65以上。

c　社会福祉士及び介護福祉士法施行規則（昭和62年厚生省令第49号）第一条各号に掲げる行為を必要とする者の占める割合が入所者の１００分の15以上であること。

（3）介護福祉士の数が、常勤換算方法で、入所者の数が6又はその端数を増すごとに1以上であること。ただし、次に掲げる規定のいずれにも適合する場合は、介護福祉士の数が、常勤換算方法で、入所者の数が7又はその端数を増すごとに1以上であること。

a　業務の効率化及び質の向上又は職員の負担の軽減に資する機器（以下「介護機器」という。）を複数種類使用していること。

b　介護機器の使用に当たり、介護職員、看護職員、介護支援専門員その他の職種の者が共同して、アセスメント（入所者の心身の状況を勘案し、自立した日常生活を営むことができるように支援する上で解決すべき課題を把握することをいう。）及び入所者の身体の状況等の評価を行い、職員の配置の状況等の見直しを行っていること。

c　介護機器を活用する際の安全体制及びケアの質の確保並びに職員の負担軽減に関する次に掲げる事項を実施し、かつ、介護機器を安全かつ有効に活用するための委員会を設置し、介護職員、看護職員、介護支援専門員その他の職種の者と共同して、当該委員会において必要な検討等を行い、及び当該事項の実施を定期的に確認すること。

i　入所者の安全及びケアの質の確保

ii　職員の負担の軽減及び勤務状況への配慮

iii　介護機器の定期的な点検

iv　介護機器を安全かつ有効に活用するための職員研修

（4）通所介護費等の算定方法第12号に規定する基準に該当していないこと。

【日常生活継続支援加算（Ⅱ）】

加算：46単位

要件：平成27年厚生労働省告示第96号50

ロ　日常生活支援加算（Ⅱ）

（1）ユニット型介護福祉施設サービス費、経過的ユニット型小規模介護福祉施設サービス費を算定していること。

（2）イ（2）から（4）までに該当するものであること。

【看護体制加算（Ⅰ）イ】

加算：1日につき6単位

要件：平成27年厚生労働省告示第96号51イ

(1) 入所定員が30人以上50人以下であること。（平成30年3月31日までに指定を受けた施設にあっては、31人以上50人以下）

(2) 常勤の看護師を1名以上配置していること。

(3) 通所介護費等の算定方法第12号に規定する基準に該当していないこと。

【看護体制加算（Ⅰ）ロ】

加算：1日につき4単位

要件：平成27年厚生労働省告示第96号51ロ

(1) 入所定員が51人以上であること。（平成30年3月31日までに指定を受けた施設に

あっては、30人又は51人以上）
(2)　イ(2)及び(3)に該当するものであること。

【看護体制加算（Ⅱ）イ】
加算：1日につき13単位
要件：平成27年厚生労働省告示第96号51ハ
(1)　イ(1)に該当するものであること。
(2)　看護職員の数が、常勤換算方法で、入所者の数が25又はその端数を増すごとに1以上であり、かつ、指定介護老人福祉施設基準第2条第1項第3号ロに定める指定介護老人福祉施設に置くべき看護職員の数に1を加えた数以上であること。
(3)　当該指定介護老人福祉施設の看護職員により、又は病院若しくは診療所若しくは訪問看護ステーションの看護職員との連携により、24時間連絡できる体制を確保していること。
(4)　イ(3)に該当するものであること。

【看護体制加算（Ⅱ）ロ】

加算：1日につき8単位

要件：平成27年厚生労働省告示第96号51ニ

(1) ロ(1)に該当するものであること。

(2) ハ(2)から(4)までに該当するものであること。

【夜勤職員配置加算（Ⅰ）イ】

加算：1日につき22単位

要件：平成12年厚生省告示第29号5ロ

（1） 夜勤職員配置加算（Ⅰ）イを算定すべき指定介護福祉施設サービスの夜勤を行う職員の勤務条件に関する基準

（一） 介護福祉施設サービス費又は旧措置入所者介護福祉施設サービス費を算定していること。

(二) 定員30人以上50人以下(平成30年3月31日までに指定を受けた施設にあっては、31人以上50人以下)

(三) 夜勤を行う介護職員又は看護職員の数が、第1号ロ(1)に規定する夜勤を行う介護職員又は看護職員の数に1を加えた数以上であること。ただし、次のa又はbに掲げる場合は、当該a又はbに定める数以上であること。

a 次に掲げる要件のいずれにも適合している場合第一号ロ(1)に規定する夜勤を行う介護職員又は看護職員の数に十分の九を加えた数

i 見守り機器を、当該指定介護老人福祉施設の入所者の数の10分の1以上の数設置していること。

ii 見守り機器を安全かつ有効に活用するための委員会を設置し、必要な検討等が行われていること。

b 次に掲げる要件のいずれにも適合している場合第一号ロ(1)に規定する夜勤を行う介護職員又は看護職員の数に十分の六を加えた数(第一号ロ(1)(一)fの規定に基づき夜勤を行う介護職員又は看護職員を配置している場合にあっては、第一号ロ(1)

に規定する夜勤を行う介護職員又は看護職員の数に十分の八を加えた数）

i　夜勤時間帯を通じて、見守り機器を当該指定介護老人福祉施設の入所者の数以上設置していること。

ii　夜勤時間帯を通じて、夜勤を行う全ての介護職員又は看護職員が、情報通信機器を使用し、職員同士の連携促進が図られていること。

iii　見守り機器等を活用する際の安全体制及びケアの質の確保並びに職員の負担軽減に関する次に掲げる事項を実施し、かつ、見守り機器等を安全かつ有効に活用するための委員会を設置し、介護職員、看護職員その他の職種の者と共同して、当該委員会において必要な検討等を行い、及び当該事項の実施を定期的に確認すること。

⑴　夜勤を行う職員による居室への訪問を個別に必要とする入所者への訪問及び当該入所者に対する適切なケア等による入所者の安全及びケアの質の確保

⑵　夜勤を行う職員の負担の軽減及び勤務状況への配慮

⑶　見守り機器等の定期的な点検

(4)　見守り機器等を安全かつ有効に活用するための職員研修

【夜勤職員配置加算（Ⅰ）ロ】
加算：1日につき13単位
要件：平成12年厚生省告示第29号5ロ
（2）　夜勤職員配置加算（Ⅰ）ロを算定すべき指定介護福祉施設サービスの夜勤を行う職員の勤務条件に関する基準
（一）（1）（一）に該当するものであること。
（二）　入所定員が51人以上であること。（平成30年3月31日までに指定を受けた施設にあっては、30人又は51人以上）
（三）（1）（三）に掲げる基準に該当するものであること。

【夜勤職員配置加算（Ⅱ）イ】
加算：1日につき27単位

要件：平成12年厚生省告示第29号5ロ

（3）夜勤職員配置加算（Ⅱ）イを算定すべき指定介護福祉施設サービスの夜勤を行う職員の勤務条件に関する基準

（一）ユニット型介護福祉施設サービス費又はユニット型旧措置入所者介護福祉施設サービス費を算定していること。

（二）定員30人以上50人以下（平成30年3月31日までに指定を受けた施設にあっては、31人以上50人以下）

（三）夜勤を行う介護職員又は看護職員の数が、第1号ロ(2)に規定する夜勤を行う介護職員又は看護職員の数に1を加えた数以上であること。

ただし、次のa又はbに掲げる場合は、当該a又はbに定める数以上であること。

a　次に掲げる要件のいずれにも適合している場合　第1号ロ(2)に規定する夜勤を行う介護職員又は看護職員の数に十分の九を加えた数

i　見守り機器を、当該指定介護老人福祉施設の入所者（新設）の数の十分の一以上の数設置していること。

ii　見守り機器を安全かつ有効に活用するための委員会（新設）を設置し、必要な検討等が行われていること。

b　次に掲げる要件のいずれにも適合している場合　第1号ロ(2)に規定する夜勤を行う介護職員又は看護職員の数に十分の六を加えた数

i　夜勤時間帯を通じて、見守り機器を当該指定介護老人福祉施設の入所者の数以上設置していること。

ii　夜勤時間帯を通じて、夜勤を行う全ての介護職員又は看護職員が、情報通信機器を使用し、職員同士の連携促進が図られていること。

iii　見守り機器等を活用する際の安全体制及びケアの質の確保並びに職員の負担軽減に関する次に掲げる事項を実施し、かつ、見守り機器等を安全かつ有効に活用するための委員会を設置し、介護職員、看護職員その他の職種の者と共同して、当該委員会において必要な検討等を行い、及び当該事項の実施を定期的に確認すること。

(1)　夜勤を行う職員による居室への訪問を個別に必要とする入所者への訪問及び当該

入所者に対する適切なケア等による入所者の安全及びケアの質の確保
(2) 夜勤を行う職員の負担の軽減及び勤務状況への配慮
(3) 見守り機器等の定期的な点検
(4) 見守り機器等を安全かつ有効に活用するための職員研修

【夜勤職員配置加算（Ⅱ）ロ】
加算：1日につき18単位
要件：平成12年厚生省告示第29号5ロ
（4） 夜勤職員配置加算（Ⅱ）ロを算定すべき指定介護福祉施設サービスの夜勤を行う職員の勤務条件に関する基準
（一） （3）（一）に該当するものであること。
（二） 定員51人以上（平成30年3月31日までに指定を受けた施設にあっては、30人又は51人以上）
（三） （3）（三）に掲げる基準に該当するものであること。

【夜勤職員配置加算（Ⅲ）イ】

加算：1日につき28単位

要件：平成12年厚生省告示第29号5ロ

（5）夜勤職員配置加算（Ⅲ）イを算定すべき指定介護福祉施設サービスの夜勤を行う職員の勤務条件に関する基準

（一）（1）（一）から（三）までに該当。

（二）第一号ハ（3）（二）及び（三）に該当するものであること。

【夜勤職員配置加算（Ⅲ）ロ】

加算：1日につき16単位

要件：平成12年厚生省告示第29号5ロ

（6）夜勤職員配置加算（Ⅲ）ロを算定すべき指定介護福祉施設サービスの夜勤を行う職員の勤務条件に関する基準

(一)(2)(一)から(三)までに該当。
(二)第一号ハ(3)(二)及び(三)に該当するものであること。

【夜勤職員配置加算(Ⅳ)イ】
加算：1日につき33単位
要件：平成12年厚生省告示第29号5ロ
(7)夜勤職員配置加算(Ⅳ)イを算定すべき指定介護福祉施設サービスの夜勤を行う職員の勤務条件に関する基準
(一)(3)(一)から(三)までに該当。
(二)第一号ハ(3)(二)及び(三)に該当するものであること。

【夜勤職員配置加算(Ⅳ)ロ】
加算：1日につき21単位
要件：平成12年厚生省告示第29号5ロ

（8）夜勤職員配置加算（Ⅳ）ロを算定すべき指定介護福祉施設サービスの夜勤を行う職員の勤務条件に関する基準

（一）（4）（一）から（三）までに該当。

（二）第一号ハ（3）（二）及び（三）に該当するものであること。

【準ユニットケア加算】

加算：1日につき5単位

要件：平成27年厚生労働省告示第96号52

イ　12人を標準とする単位（以下この号において「準ユニット」という。）において、ケアを行っていること。

ロ　入所者のプライバシーの確保に配慮した個室的なしつらえを整備するとともに、準ユニットごとに利用できる共同生活室（利用者が交流し、共同で日常生活を営むための場所をいう。）を設けていること。

ハ　次の（1）から（3）までに掲げる基準に従い、人員を配置していること。

（1）日中については、準ユニットごとに常時1人以上の介護職員又は看護職員を配置すること。

（2）夜間（午後6時から午後10時までの時間をいう。）及び深夜（午後10時から午前6時までの時間をいう。）において、2準ユニットごとに1人以上の介護職員又は看護職員を夜間及び深夜の勤務に従事する職員として配置すること。

（3）準ユニットごとに、常勤のユニットリーダーを配置すること。

【生活機能向上連携加算（Ⅰ）】

加算：1月につき100単位（例外あり）

要件：平成27年厚生労働省告示第95号42の4イ

(1) 指定訪問リハビリテーション事業所、指定通所リハビリテーション事業所又はリハビリテーションを実施している医療提供施設の理学療法士、作業療法士、言語聴覚士又は医師の助言に基づき、機能訓練指導員等が共同して利用者の身体状況等の評価及び個別機能訓練計画の作成を行っていること。

(2) 個別機能訓練計画に基づき、利用者の身体機能又は生活機能の向上を目的とする機能訓練の項目を準備し、機能訓練指導員等が利用者の心身の状況に応じた機能訓練を適切に提供していること。

(3) (1)の評価に基づき、個別機能訓練計画の進捗状況等を3月ごとに1回以上評価し、利用者又はその家族に対し、機能訓練の内容と個別機能訓練計画の進捗状況等を説明し、必要に応じて訓練内容の見直し等を行っていること。

【生活機能向上連携加算（Ⅱ）】
加算：1月につき200単位（例外あり）
要件：平成27年厚生労働省告示第95号42の4ロ
(1) 指定訪問リハビリテーション事業所、指定通所リハビリテーション事業所又はリハビリテーションを実施している医療提供施設の理学療法士、作業療法士、言語聴覚士又は医師が、施設を訪問し、当該施設の機能訓練指導員等が共同して利用者の身体状況等の評価及び個別機能訓練計画の作成を行っていること。

(2) 個別機能訓練計画に基づき、利用者の身体機能又は生活機能の向上を目的とする機能訓練の項目を準備し、機能訓練指導員等が利用者の心身の状況に応じた機能訓練を適切に提供していること。

(3) (1)の評価に基づき、個別機能訓練計画の進捗状況等を3月ごとに1回以上評価し、利用者又はその家族に対し、機能訓練の内容と個別機能訓練計画の進捗状況等を説明し、必要に応じて訓練内容の見直し等を行っていること。

【個別機能訓練加算（Ⅰ）】

加算：1日につき12単位

要件：次の条件に適合すること。

専ら機能訓練指導員の職務に従事する常勤の理学療法士、作業療法士、言語聴覚士、看護職員、柔道整復師又はあん摩マッサージ指圧師、はり師又はきゅう師（はり師及びきゅう師については、理学療法士、作業療法士、言語聴覚士、看護職員、柔道整復師又はあん摩マッサージ指圧師の資格を有する機能訓練指導員を配置した事業所で6

月以上機能訓練指導に従事した経験を有する者に限る)(以下「理学療法士等」という。)を1名以上配置しているもの(入所者の数が100を超える指定介護老人福祉施設にあっては、専ら機能訓練指導員の職務に従事する常勤の理学療法士等を1名以上配置し、かつ、理学療法士等である従業者を機能訓練指導員として常勤換算方法(指定介護老人福祉施設の人員、設備及び運営に関する基準(平成11年厚生省令第39号)第2条第3項に規定する常勤換算方法をいう。))で入所者の数を100で除した数以上配置しているものとして都道府県知事に届け出て指定介護老人福祉施設において、機能訓練指導員、看護職員、介護職員、生活相談員その他の職種の者が共同して、入所者ごとに個別機能訓練計画を作成し、当該計画に基づき、計画的に機能訓練を行っている場合。

【個別機能訓練加算(Ⅱ)】

加算:1月につき20単位

要件:個別機能訓練加算(Ⅰ)を算定している場合であって、かつ、個別機能訓練計画の内容等の情報を厚生労働省に提出し、機能訓練の実施に当たって、当該情報その他機能訓練の適切かつ有効な実施のために必要な情報を活用した場合。

【栄養マネジメント強化加算】

加算：1日につき11単位

要件：次のいずれにも適合すること。

イ　管理栄養士を常勤換算方法で、入所者の数を50で除して得た数以上配置していること。ただし、常勤の栄養士を1名以上配置し、当該栄養士が給食管理を行っている場合にあっては、管理栄養士を常勤換算方法で、入所者の数を70で除して得た数以上配置していること。

ロ　低栄養状態にある入所者又は低栄養状態のおそれのある入所者に対して、医師、歯科医師、管理栄養士、看護師、介護支援専門員その他の職種の者が共同して作成した栄養ケア計画に従い、当該入所者の栄養管理をするための食事の観察を定期的に行い、当該入所者ごとの栄養状態、心身の状況及び嗜好を踏まえた食事の調整等を実施すること。

ハ　ロに規定する入所者以外の入所者に対しても、食事の観察の際に変化を把握し、問題があると認められる場合は、早期に対応していること。

ニ　入所者ごとの栄養状態等の情報を厚生労働省に提出し、継続的な栄養管理の実施に当たって、当該情報その他継続的な栄養管理の適切かつ有効な実施のために必要な情報を活用していること。

ホ　定員超過利用・人員基準欠如に該当していないこと。

こうした加算については、当然金額が大きいものを取ったほうが収入が増えるわけですが、そう簡単にはいかないはずです。例えば「日常生活継続支援加算」などは要件がなかなか厳しく、私の法人でも取得に苦労しました。

自法人が取得すべき加算について考えるうえで私が参考にしているのが、全国の施設の加算の取得状況です。加算が大きいのに全国で3割も取っていないならそれはかなり要件が厳しいものといえますし、逆に7割以上の施設が取得しているのに自法人では未取得のものがあれば、それは積極的に取りにいかねばなりません。

加算のなかには、人材配置や専門家の雇用など、1年、2年をかけて準備しないといけないものもあります。また、加算を取ることで現場の仕事量がぐっと増えるケースもあり、現実的に運用が可能かどうかの見極めは非常に大切です。うまく仕組み化して現場に組み込み、職員の負担をできる限り軽く済まさねばなりません。

加算を取るには、行政に書類を提出する必要がありますが、この書類が実に煩雑なものであり作成に手間がかかります。しかも行政は「こんな加算があるよ」などと親切には教えてはくれないため、理事長や幹部職員が自ら勉強し新たな加算を取っていかねばなりません。手段としては、制度に強い人材を加算に関する専門職員として配置しておくことです。

厳しい行政監査

さらに社会福祉法人の会計について述べるうえで外せないのが、行政監査です。公金で運営されている社会福祉法人において、すべての事業は制度にのっとって行わねばならず、正しく運営されているかどうかの監査が定期的に入ります。財務書類や加点の申請書類など、会計や運営に関わる書類の数は膨大になりつつあります。

監査では実際の管理体制に加えてそれらの書類もチェックされるため、幹部社員が現場を見回る時間を割いてでも事務作業を行わねば監査を乗り切れないというのが実情となっています。

社会福祉法人に対する監査は、各都道府県により実施されるものと、自治体により実施されるものの2つに分かれ、それぞれ特徴があります。なお、監査の実体は都道府県や地方自治体によって異なると思います。ここでは五葉会がある埼玉県さいたま市を例にとって解説します。

私の法人が埼玉県から受ける行政監査については、毎回比較的スムーズに終わる印象です。埼玉県側から監査のテーマが事前に通知されたり、監査官が長く代わらなかったりといったことがその背景にあるかもしれません。

一方で、さいたま市による行政監査は、なかなか厳しいものであることが多いです。

その最大の理由は、さいたま市の監査官は毎回のように代わり、監査官により法律の解釈や考え方がまったく違うという点にあると感じます。例えば前回の監査で指摘された業務を、仕組みの導入などの企業努力によってなんとか改善したとしても、新たな監査官が着任すれば逆にそれが問題になるようなことがあります。書類の書き方から職員のあり方まで、「ふたを開けてみなければ分からない」という部分が正直多く、できる準備も限られています。

監査中は、幹部社員たちはともかく現場の職員たちにも厳しい質問がどんどん飛んできますが、利用者に尽くすことが喜びである職員たちが法律に詳しいはずもなく、うまく答えられずにストレスを抱えるシーンがよく見られます。

私が最も齟齬があると感じるのは、役所には介護現場の実情に詳しい人がおらず、施設には法律に詳しい人がいないという点です。これはいわば互いの言語が違うようなもので、価値観の共有を難しくしています。こうした厳しい行政監査を乗り越えるための前提となるのは、利益追求や不正といった意図的な違反は絶対にしないことです。監査官はそれを暴くために存在し、プロの目はごまかせません。

そのうえで、指摘を受けた部分については、相手の言うことをそのまま受け入れるのではなく、妥協点を探るというのが大切です。「それならこの方法ではどうか」「こうしたやり方をすれば大丈夫か」と改善方法の落としどころを見つけ、現場にかかる負担をできる限り軽くするよう交渉していきます。

注意すべきなのが、「同じ市内にあるほかの施設で認められている」というような項目です。例えばレクリエーション費用を利用者から取るかどうかについて、五葉会に対しては「取ってはいけない」という判断が下りましたが、監査官ごとの判断基準の違いからか、ほかの施設では取っているところもあるようです。こうした事情があるだけに、ほかの施設との情報交換や横のつながりも大切にしながら、制度理解を進めることはとても重要です。人脈づくりに注力しつつ、もちろん行政への直接の質疑が大前提であることはいうまでもありません。

財務におけるキーパーソンの承継

ここまでで解説してきた会計業務や監査用書類の作成について、あらゆることを理事長が一人で行うというのは不可能だと思います。理事長に必要なのはあくまで経営判断の際に求められる基礎知識であり、会計の実務をこなす能力ではありません。

そうした前提に立つと、事業承継に当たっては先代が築いた「法人としての会計力」をうまく引き継げるかどうかが大きなポイントになります。例を挙げると、財務三表がきれいに整うような状態にするには、金融機関との取引が必要になることもあります。社会福祉法人の収入は出来高払いであり、今使うお金を用意するには、やはり融資を受けるのが第一の選択肢になります。

そんな際に、例えば理事にメインバンクからの出向者がいたなら、金融のプロの知識を借り、資金計画や金利について有益なアドバイスがもらえます。交渉においても、銀行を納得させられる言葉を使えるのは、やはり銀行員です。

事業を引き継ぐ際に、そうした人材がいないなら新たに探す必要がありますが、多くの施設ではすでに先代からお世話になっていると思います。私の場合も、事業承継の前までは自分に法律や財務の知識が欠けているのが不安で仕方がありませんでした。そんな自分が果たして法人経営をつつがなく行っていけるか、自信がなかったのです。

しかしいざ理事長になってみると、周囲には各領域の専門家がたくさんそろっていて、自ら手掛けずとも施設の運営ができました。特に財務の専門家の存在は心強く、少しずつその知識を学び経営者としての数字の見方が身についてきました。ですから財務のキーパーソンを先代からしっかりと引き継ぐというのが、法人としての会計力を維持するための重要な課題といえます。

財務に加え、税務、保険、法律など、社会福祉法人の運営にはさまざまな領域の専門家の知恵が必要になることも多くあります。各領域のキーパーソンをしっかりと承継し、引き続き助力を得られるようにするのが大切です。

［第5章］

弱体法人はM&Aの吸収や解散命令が下される――長く続く施設になるために求められる取り組みとは

新たに施設を増やす

社会福祉法人の至上命題といえるのは、法人をいかに持続させ、末永く地域を支える存在となるかです。そして現在の法律では小規模な法人が黒字化を達成するのは難しいという現実があります。したがって法人として生き残るには、施設を黒字が出る水準まで大規模化するか、あるいは2施設、3施設と事業を広げていくかを検討する必要があります。

現在ある施設を大規模に改修するという選択肢は、その分の土地があるかどうかなどを含め、できる施設とできない施設があるはずです。40床や50床といったサイズの施設なら、利益が出るボーダーラインといえる100床以上まで2倍以上に広げねばなりませんから、なかなか難しいのが現実です。ですから多くの施設で検討されるのは、新たに施設を造り事業を広げるという選択肢であると思います。

ただ、社会福祉法人が事業を広げるのは、お金を儲けるためではありません。その目的は、施設同士が補い合うことで経営の地盤をより安定させ、法人を長く持続させていくためにほかなりません。複数の施設があれば、赤字の補填や人材のやり繰りができますし、法人全体として扱う消耗品などの量も増えるため、スケールメリットが活かせます。

こうしたメリットを享受するべく、新たな施設の検討を行いたいところですが、もちろん一般企業のように好きな土地に好きな施設を建てていいわけではなく、行政の許可が必要です。

私の法人では現在3つの施設を運営していますが、新たに建てた2つの施設のいずれも、さいたま市から施設を造らないかという声が掛かったことからスタートしています。行政としては、少子高齢化で地域にお年寄りが増えているけれどその受け皿が不足しているという状態をできるだけつくらぬよう、地域に根を張っている社会福祉法人に新施設の建設を打診するのです。

一般的にも社会福祉法人が新たに施設を造る場合、行政からの声掛けがきっかけとなるケースがほとんどだと思います。理事長としては、新施設を造りたいならまず行政が地域に新たな施設を必要としているかどうかを確認するところから始めるとよいです。

マネジメント層の育成

事業を拡大し組織に厚みが出てくると、理事長だけですべてを管理することが難しくなってきます。施設長に代表されるマネジメント層を育てて配置し、施設ごとの運営力を強化する必要が出てくるはずです。

しかし福祉介護業界において、優秀なマネジメント層を育てるのは容易ではありません。なぜなら、福祉介護の精神を発揮することにやりがいを感じる人ばかりが集まっているからです。そうした人々は現場で働くことが生きがいであり、利用者ばかり見ているもので、福祉介護のスペシャリストになる道を選択したがります。つまり福祉介護の職員の多くは、マネジメントという仕事に興味関心が薄いのです。

その一方で、本人がいくらすばらしい技術をもっていても、いつまでもその状態を維持するのは難しいという現実があります。介助や介護を日常的に行うには、相応の体力が求められます。どれほどのエース職員であっても、40歳、50歳という年齢になってくれば体力は衰え、若い職員と同じように働くのが難しくなってきます。そこでようやく本人がこのままではまずいと気づいても、すでに後の祭りです。本来であれば管理職へとステップアップしマネジメントを行うべきなのに、現場にこだわり続けてその機を逸してしまうと、次第に居場所を失ってしまいかねないのです。

したがってマネジメント層の育成は、施設にとっても、職員本人にとっても、極めて重要な課題であるといえます。私がマネジメント層の拡充に本格的に舵を切ったのは、1997年に法人本部を立ち上げたときでした。法人本部は、直接的な業務はいっさい行わず、各施設の支援やマネジメントに特化した部署です。

しかし、めぼしい人材に法人本部の構想を伝えてもまったくいい反応は返ってきませんでした。とある職員など、現場から外されるほどの失態を犯したのかと真剣に聞いてくるほど法人本部への異動を嫌がっていました。

そんな職員たちの気持ちを変えるには、ひたすら説得するしか方法がありませんでした。本部をつくることがなぜ必要で、今後の法人運営にどのように関わってくるのか、そしてなぜその人が必要なのかを何度も繰り返し伝えた結果、ようやく重い腰を上げてくれる人が現れ、法人本部は11人でスタートしたのです。

私の法人にはマネジメント育成のための仕組みなどは存在せず、実際に役職に就いてもらってから実践のなかでいろいろと覚えてもらっていますが、本来であればマネジメント育成のための仕組みを構築し、候補者に対し早い段階からマネジメント能力を身につけてもらうのが理想といえます。なお、マネジメント層に求められる能力の多くは、一般企業のそれとさほど変わりません。ホテル業界や飲食業界などのマネジメント研修を導入するなどして着手するのもいいと思います。

また、理事長に課せられる大きなミッションとして、「施設ファースト」「マネジメントファースト」に徹することができる職員の育成が挙げられます。社会福祉法人の職員は誰もが「ご利用者様ファースト」です。ただ全員がその思考では不十分であり、「ご利用者様ファースト」の職員たちの強みが最大限発揮できるような環境を整備するマネジメント層は絶対に必要なのです。現場から修行を積んで、相談員、施設長、そして理事長と段階を追ってきた後継者にとっては、確実にここが課題になると思います。場合によっては「優秀な職員＝ご利用者様ファースト」という評価基準そのものを見直す必要もあるので、時間をかけてじっくり取り組まなければなりません。

お金の話をタブー視しない

社会福祉法人のマネジメント層がすべきことは、利用者の直接的な支援ではありません。むしろ福祉介護の精神とは正反対の、利益やコスト管理といった数字の追求が主な仕事の一つとなります。

そもそも利用者の笑顔が見たくてこの世界に入ったのに、結果的にそれとは真逆ともいえる仕事をするのに抵抗を感じる人が多く、そんな人の精神的負担を少しでも減らすために大切なのが、理事長がお金の話をできるだけオープンにするということです。

私は理事長となってすぐ、職員を集めてお金の話をしました。現在、私の法人はこれだけの赤字を抱えていて、そこから脱却するにはもっと介護度の高い人を受け入れるか、経費を削減するしかないと事情をつつみ隠さず話しました。それと併せて、おむつ一つの単価はいくら、洗剤はいくら、電気代はいくらと数字で細かく示していきました。実際、利用者から月にいくらもらっているのかや介護保険とは何かについてまったく考えたことのない職員がほとんどでした。これがビジネス色を遠ざけたい福祉業界の現実だと思います。しかし、いざ話してみると職員たちは興味を示しながら聞いていました。

福祉介護の精神を司る社会福祉法人において、これまでは「お金の話をするのはタブー」という風潮が強くありました。そんななかで経営を続けてきた私の父もまた、お金の話をすることに抵抗感を抱き、「職員の心が離れかねない」という理由から私の行動を不安視していたのです。しかしいざ実行してみると、職員たちからの反応は思ったよりも悪くなく、むしろ法人の存続のためにと多くの人が節約に励んでくれました。そうして支出を抑えられたのが黒字に転換できた大きな理由の一つです。そうして組織内にお金の話をタブー視しない風土が少しずつできてくると、マネジメント層も仕事がやりやすくなります。経費削減の指示を出しても、その理由が明確であれば職員たちは受け入れてくれるからです。

例えば、現場の職員が施設で使用するシーツに対し要望を出してきたことがありました。介護現場では、シーツ交換の際にしわが一本でも残ると、その部分との摩擦で利用者の身体に褥瘡《じょくそう》ができるリスクがあるため、シーツをきれいに張らねばなりません。しかし一枚布のシーツでそれをするには時間と技術が必要となります。そこでベッドにかぶせてしわを伸ばすだけのボックスシーツを導入すれば、シーツ交換の手間が大幅に削減できるのですが、ボックスシーツを使うとその分経費が高くつきます。

意見をくれた職員は、「ボックスシーツの採用で短縮できる3分の時間を、利用者とのコミュニケーションに使いたい」と言いました。それが本気であると伝わってきたため、マネジメント層はその要望を叶えたのですが、かわりに一つの条件を付けました。これまで既製品を買っていた消毒液について、原液を購入して薄めて使えばコストが半減できるので、それを全施設で行って浮いたお金でボックスシーツを導入するということにしたのです。

もし法人内でお金の話がタブーであれば、そうした交渉自体に嫌悪感を示す職員が多く、なかなか協力は得られないと思います。しかし私の法人では、職員が納得したうえでマネジメント層からの提案を受け入れ、実際に行動を変えてくれたのでした。

こうして職員の協力のもと、日々の細かな節約を積み上げていくというのが、黒字化を目指すうえでは欠かせません。その旗頭となるのがマネジメント層であり、お金の話をタブー視しない風土をともにつくっていくのが大切です。もちろん、この風土そのものが理念に矛盾していることがあってはなりません。あくまで、お金は「家族」のために使いたいというマインドは欠かせません。

合併と事業譲渡が第三者承継のスキーム

こうして経費削減のための努力を積み重ね、なんとか赤字からの脱却を目指しても、うまくいかないこともあります。小規模な施設などは特に経営が厳しくなりがちで、赤字が何年も続き、行政や評議員会から三下り半を突き付けられて事業を手放さざるを得ないケースもあるかもしれません。そのほかにも、後継者の不在や理事長の急死などのアクシデントに際し、不本意ながらM&A（事業譲渡や合併）という選択を迫られる可能性もあります。これは逆もしかりで、窮地に陥ったほかの社会福祉法人を救うべく、行政や金融機関からM&Aの話を持ち掛けられることも考えられます。

ただし社会福祉法人では、一般企業のような株式譲渡による事業承継はできません。そこで具体的にどのように第三者への事業承継が行われるのかについて触れておきます。

なお、ここでいう第三者とは他の社会福祉法人を指しています。その他の法人や一般企業には、原則として事業承継は認められていません。

第三者への事業承継の主なスキームは、「合併」と「事業譲渡」です。厚生労働省が作成した「合併・事業譲渡等マニュアル」によると、社会福祉法人の合併および事業譲渡に当たっては、次のような点を明確に整理しておく必要があります。

- 合併、事業譲渡等は、地域住民の抱える地域生活課題に対応するものとなっているか
- 合併、事業譲渡等は、地域福祉の維持・発展に寄与するかどうか
- 合併、事業譲渡等は、法人の理念・経営戦略に沿うものかどうか

また、合併や事業譲渡に当たっては、譲渡を受ける側は特に相手となる法人の調査をしっかりと行わねばなりません。調査に当たっては、以下のような項目を検討すること

になるはずです。

- 法人の沿革
- 経営理念、経営戦略、経営方針
- 組織、事業
- 評議員、理事、監事の構成
- 職員の状況（労働組合、年齢構成、人事制度等）
- 監事監査、会計監査の状況
- 他分野の場合には、その分野の業界分析
- 地域における需要と競合事業者の状況
- 過年度、現在の財務状況と将来的な財務状況の見通し
- 事業展開する各地域の事情
- 合併、事業譲渡等を行った場合の相乗効果

これらに加え特に重要となるのが、次のような財務的な調査です。特に資産や負債の状況は必ず把握し、財務状況や収益性の分析を実施するべきです。

・減価償却費（国庫補助金等特別積立金取崩額を含む）の会計処理
・退職給付引当金の会計処理（年金債務や退職給付債務の計上不足）
・賞与引当金、徴収不能引当金の会計処理
・資産の評価損や有価証券の評価損益の会計処理
・収益及び費用（人件費、事業費、事務費）に関する発生主義（実現主義）の会計処理
・基本金の会計処理
・過剰、不適正な報酬等の支払処理
・簿外債務等の注記もれ

なお、こうした調査はM＆Aの世界での「デューデリジェンス」と共通し、合併や事

業譲渡を成功に導くために欠かせないものです。一般的にデューデリジェンスは、事業を譲渡する側と、譲渡を受ける側との情報格差を埋めるために必要であるとされます。

譲渡する側は、あらゆる情報のなかから都合のいい情報のみ開示して評価を上げようとし、逆に譲渡を受ける側としては幅広い情報が集まらなければ低評価にせざるを得ないという状況に陥りやすく、それでは取引が成立しない可能性が高いため、専門家が譲渡する側と譲渡を受ける側の間に入ってデューデリジェンスを行います。

介護施設なら、譲渡を受ける法人が対象となる事業の資産や負債のほか、職員の人事、コンプライアンスなどさまざまな観点から事業を譲渡する法人を精査することになります。特に事業承継後の業務遂行について法律上の問題点を洗い出す法務デューデリジェンスや、前述の財務的観点から行う財務デューデリジェンスは、社会福祉法人における合併や事業譲渡においても必須といえるものです。

合併と事業譲渡の具体的なポイント

デューデリジェンスにより事業の評価がある程度定まり、法人間で合意が形成できれば、いよいよ合併や事業譲渡の具体的なステップに入っていきます。ここで合併と事業譲渡について、それぞれのスキームがもつ特性や実務を解説します。

【合併】

複数の社会法人を、契約により一つの法人に統合します。合併には、「吸収合併」と「新設合併」という2通りの方法があります。吸収合併は、既存の法人を別の法人が吸収するやり方です。存続する法人に既存法人の機能を移したうえで、既存法人は解散、消滅します。存続する法人は消滅する法人のいっさいの権利義務を承継することになります。

一方の新設合併は、複数の法人が合併して新たな法人を設立するやり方です。合併される法人は新法人の設立に合わせ消滅します。新法人は、合併により消滅した法人のいっさいの権利義務を承継します。

つまり合併を選択すると、いずれかの法人が必ず消滅することになります。合併のメリットとしては、事業規模の拡大によるスケールメリットの享受、ほかの法人の設備や人材、ノウハウの承継等が挙げられます。

昨今は理事長の高齢化が進み、私の周りでも後継者不在により存続が難しくなっている社会福祉法人があります。合併のニーズは今後も増えていくかもしれません。

〈合併のポイント〉

合併を行うに当たっては、各法人の理事会で合併の決議を得て、その結果を議事録に残さねばなりません。また、財産処分や職員の処遇など極めて重要な内容を含むことから、評議員会での決議も求められます。定款にもよりますが、基本的には評議員の3分の2以上の賛成を得て、その結果を議事録に残す必要があります。

社会福祉法人の合併では、合併契約を締結する必要があります。この契約を書類化したのが合併契約書であり、法人間の合意項目に基づいて作成されるものです。法人間の合意形成は、各法人が合同で協議会を設置し、期日やスケジュール、職員の処遇、資産や負債の引き継ぎといった重要項目について議論し、得られた合意に基づいて合併契約書を作成することで行われます。

合併契約書には必ず記載すべき必要事項があります。吸収合併なら吸収後に存続する法人および消滅する法人の名称と住所、吸収合併がその効力を発揮する日、消滅する法人の職員の処遇といった内容を記載します。新設合併なら新たに誕生する法人および消滅する法人の名称と住所、新たに誕生する法人の目的や定款で定める事項、新設合併がその効力を発揮する日、消滅する法人の職員の処遇といった内容となります。

そうして法人間で合併契約を締結しても、それだけでは合併は成立しません。所轄庁の認可を得て初めて合併の効力が生じることになります。合併認可の申請書を所轄庁に提出し、審査を受けたあと、問題なければ合併認可が通知されます。

［事業譲渡］

所有している事業を、別の法人に譲渡する手法です。

譲渡する側としては、一般的に不採算事業の切り離しや特定の事業への集中が目的となります。譲渡を受ける側としては、事業の拡大や新事業への進出、規模拡大によるスケールメリットの享受、人員の拡充といったメリットが挙げられます。

例えば介護施設と保育施設を経営している法人Aが、地域で保育施設をいくつももつ法人Bに不採算事業だった保育事業を譲渡することで介護施設の経営に集中したり、または法人Aと同じく介護施設と保育施設を手掛ける法人Cに保育事業を譲渡しつつ介護事業の譲渡を受け、それぞれの得意分野に特化したり、といったケースが考えられます。

なお、事業譲渡に当たっては土地や建物といった単なる物質的な財産だけではなく、人材を含めあらゆる財産を引き渡す必要があります。事業単位の譲渡で終わるので、社会福祉法人は基本的に消滅しませんから、組織再編や経営再建のニュアンスが強い手法といえます。

事業譲渡に当たり、譲渡を受ける側は事前に事業内容を精査し、自法人にとって真にプラスになるものかどうかを十分に検討する必要があります。逆に事業を譲渡する側としては、先ほど挙げた調査項目についてできる限り事前に問題をクリアにしておくことで、事業の精査がスムーズに進行していきます。

〈事業譲渡のポイント〉

実は社会福祉法人における事業譲渡では、契約を結ぶよう法令で定められているわけではありません。極端な話、行政への申請など所定の手続きを踏めば、法人間で契約を交わさずとも事業譲渡が行えます。

しかしだからといって契約を結ばずに進行すると、それがのちの紛争のもとになる可能性があります。そうしたリスクを回避するためにも、事業譲渡契約は必ず結んでおくべきです。なお、事業譲渡契約は互いの条件がある程度見えてきた段階で基本的な合意を行い、そこからさらに細かく条件が固まってきた段階で契約を締結するという流れが一般的です。

事業譲渡契約書の内容は、一般的な企業で用いられるものとほぼ変わりません。具体的な条項としては、契約の目的、譲渡する事業内容と譲渡日、譲渡する物件と引き渡し日、個別財産の移転条件、職員の承継などがあります。より詳しくは、弁護士や行政書士といった専門家か、または行政の相談窓口のアドバイスを受けるとよいです。

社会福祉法人が事業譲渡をする際には資産の受け渡しが伴い、双方の基本財産に変更が生じるため、譲渡する側、譲渡を受ける側ともに定款の変更手続きが必須です。

定款の変更に当たっては、評議員会で評議員の3分の2以上の同意を得、決議が必要になります。そして決議後に、所轄庁へと書類による申請を行います。

定款変更以外の申請手続きとしては「基本財産処分に関する所轄庁の承認申請」「補助金によって取得した財産の処分に関する承認申請」「施設の廃止申請および設置の届け出」などがあります。

ステークホルダーへの丁寧な説明は必須

社会福祉法人は、地域を支えるというその性質上、経営が悪化したからといって撤退という判断を下すことができません。もし窮地に陥ったなら、合併や事業譲渡を選択してでも事業を存続させ、利用者や地域への影響を最小限に抑えるというのが理事長としての責任です。

合併や事業譲渡により事業の運営主体が変わるなら、利用者との契約を改めて結び直すことになります。利用者がそのまま残ってくれるかどうかは施設運営に直結する重要課題であり、慎重な対応が求められます。利用者の多くは、現在の環境が維持されるなら運営主体の変更を受け入れてくれると思いますが、やはり不安はあるものです。

合併や事業譲渡に至った背景、今後の運営方針や変更点などを、できる限り分かりやすく説明することが大切です。利用者だけではなくその家族にも同様の説明が必要となります。また、地域への影響を最小限に抑えるべく、地域住民にも説明を行うべきです。社会福祉法人は地域のために存在します。法人運営には地域の関係者の協力が不可欠であり、合併や事業譲渡が済んだあとにもその力を借りるには、事の経緯をきちんと示しておくことです。地域向けに説明会を開催し、質疑応答などを行うことで信頼を得る努力をします。

そして利用者と地域の人々に加え、理解してもらわねばならない大切なステークホルダーが職員です。合併や事業譲渡は、当然のことながら職員にも重大な影響を及ぼします。いったい自分はどうなるのか、多くの職員は不安に思います。

したがって合併後の給与や勤務体系、役職や人員配置などをあらかじめしっかりと定めたうえで、あらゆる職員に対し合併後の処遇に関する説明を行い、理解を得る必要があります。それを怠ってしまえば職員たちの間で不信感が募り、一斉離職など致命的な事態へと発展しかねません。職員たちのケアは最優先で行うべきことの一つです。

経営基盤を強化する法人間連携

合併や事業譲渡は、事業を譲渡する側としてはまさに最終手段であり、時に法人が消滅するという結末を迎えます。その実施には、経営権の譲渡や財産の移転、職員の処遇、利用者との再契約など多大な労力がかかり、かなりの覚悟が求められます。そこで合併や事業譲渡と併せて検討したいのが、「法人間連携」です。

法人間連携は、資材購入や人材交流、サービスの質の向上などを目的として、複数の法人が協力することであり、合併や事業譲渡と比較して容易に行え、かつ同様のシナジーを生み出せる可能性があります。なお、社会福祉法人間にとどまらず、例えば医療法人やNPO法人など業種の異なる法人と連携することもできます。

福祉サービスが生活困難者の救済という役割から国民全般の支援へとその軸足を移していくなか、社会福祉法人には経営の視点が求められるようになり、特に保険がもたらす収入だけでは運営が苦しい小規模な法人においては、経営基盤の強化が大きな課題となっています。

いくら事業を効率化し、節約を繰り返しても自らの法人だけでは採算が取れず、自主努力には限界があるという場合などに、法人間で協力体制を築いて経営基盤の強化を図るというのが法人間連携の主な目的の一つです。法人間連携のメリットについては、社会福祉法人経営研究会による「社会福祉法人における合併・事業譲渡・法人間連携の手引き」に次のようにまとめられています。

◆事業効率化の促進

合併や事業譲渡は、経営者に思い切った決断が求められ、実行に移す際には大きな負担を伴いますが、法人間連携であれば、比較的負担は軽く、実行に移しやすいといえます。複数の法人が協力体制を築くことで事業の効率化など大きな効果が期待できます。

◆サービスの付加価値の創出

個々の法人では経営資源の不足により取り組むことが難しいことであっても、複数の法人が連携、協力することで、不足する経営資源を補うことが可能となります。例えば、共同で新サービスの開発を行ったり、共同で研修会を実施したりするなど、ノウハウの開発・蓄積・共有が促進され、サービスの質が従来に比べて著しく向上することが期待できます。

◆新たな経営手法の開発

複数の法人が共同してシステムの開発等を進め、新たなビジネスモデルを構築したり、単独では解決困難な課題を協力して解決を図ったりするなど、新たな経営手法の確立に向けた検討が促されることが期待できます。

◆ガバナンスの強化

弁護士や会計事務所と共同で委託契約を結び、外部による客観的な経営チェックの仕組みを導入するなど、組織の規律付けに向けた取り組みの促進が期待できます。

◆合併や事業譲渡の円滑化

連携している法人間では互いのノウハウや情報が共有されており、合併や事業譲渡の必要が生じた際に、まったく連携していない法人と合併・事業譲渡を行う場合よりも、円滑に作業が進められることが期待できます。

実際の法人間連携がどのように行われるかについては、特定のフォーマットがあるわけではなく、互いの課題やニーズを満たし合う手法は無数に存在します。

前述の「社会福祉法人における合併・事業譲渡・法人間連携の手引き」には、実際に法人間連携を行った法人の事例が掲載されており、法律に配慮して掲載しております。

事例1　岩手県の社会福祉法人

施設を経営する社会福祉法人（16法人）が参加する任意の共同購入協議会を組織化

し、燃料、紙おむつ、食材料等の価格調査による情報の共有や合同入札会（法人ごとに予定価格を作成し入札する方式）を実施したところ、複数法人によるスケールメリットを活かした共同購入のスキームが構築でき、調達先の見直しや調達コストの削減に成功した。

事例2　山形県の社会福祉法人間

保育所を経営する「一法人一施設」同士で、職員の人事異動がなくマンネリ化していた現状を危惧し、保育所間での1年間の人材交流事業を実施し、概ね10年以上の保育士経験のある職員を交流派遣した。派遣先において保育スキルの提供や経験を生かした取組みを提供し、派遣を終えた職員は、習得したスキル等を自らの施設にフィードバックすることにより、サービスの向上が図れた。また、保育士育成のためのコストを抑えることもできた。

こうした法人間連携の取り組みを、行政も後押ししています。厚生労働省が２０１８

年4月から実施している「小規模法人のネットワーク化による協働推進事業」は、複数の小規模法人が参画するネットワークを構築し、それぞれの強みを活かして支え合うことを推進し、補助金を出しています。

具体的には地域に「法人間連携プラットフォーム」を設置して、地域貢献のための協働事業の立ち上げや、福祉介護人財の定着のための取り組みなどを行うことで、プラットフォームごとに320万～400万円の補助金が出ます。合併や事業譲渡という選択をする前に、法人間連携で解決できる問題はないか、一度検討してみるといいと思います。

守るべき点と変えるべき点

社会福祉法人の事業承継の目的は現状を守り、末永く法人を続けていくことです。ほかの法人への合併や事業譲渡を行うという選択肢はいわば最終手段ですが、逆にほかの法人から合併や事業譲渡を持ち掛けられたなら、経営基盤を強化するチャンスともいえます。事業承継をチャンスに変え、自らの代で法人の経営をさらに安定させることを目指すうえで知っておきたいのが、事業承継において守るべき点と、変えるべき点です。

確実に守らなければいけないのは、理念です。理念とはその法人の地域におけるあり方を提示するもので、日本でいうと憲法に当たる存在です。

法人内のあらゆるルールは理念に基づいてつくられているはずで、事業承継後にそれらを根底から覆されると、組織の大きな混乱を招きます。職員たちの多くは、法人の理念に共感し、同じ屋根のもとに集まっています。その理念が失われれば、それが離職のきっかけとなりかねません。

一方で、法人内のルールや規律は柔軟に変えていかねばなりません。ルールや規則とは、日本国でいえば法律に当たり、時代に合わせた内容にすべきものです。

また、技術や機器といったハード面も、常にアップデートしていく必要があります。現在、一般企業においてはＤＸ（デジタルトランスフォーメーション）が推進されていますが、福祉介護業界でも積極的にＩＴ技術の活用を進めるべきだと考えます。

もしそれで職員たちの業務が効率化できたなら、その余力を利用者とのコミュニケーションや、介護技術をより高めるための勉強に充てることができ、介護の質をより高めていけます。理念さえしっかりとしていれば、法人として提供するサービスの軸はぶれないはずです。時代に合わせたよりよい福祉介護とは何か、常に模索する姿勢が大切なのではないかと私は考えています。

おわりに

「一般社団法人埼玉県老人福祉施設協議会の理事に推薦したい」

そんな打診をいただいたのは、本書の執筆を開始して間もない頃でした。私のような若輩者にそんな大役が務まるのか不安はありましたが、せっかく機会をいただいたのだからと思い切ってチャレンジすることにしました。

理事会に出席してみると、ほかの理事は介護の世界に精通し、法律にも明るく、能力の高い方々ばかりに思えました。そうした集団において、異分野から福祉介護の業界に飛び込み、まだまだよちよち歩きの理事長である自分は、かなり異端な存在であると感じます。

しかし見方を変えれば、福祉介護をまだ深く知らないからこそ、業界の常識に縛られずに行動できるともいえます。日本では類を見ないレクリエーション支援、代替療法の専門部署、アクティビティケアチームの導入と推進は、その一例かもしれません。どちらかといえば保守的な福祉介護の業界では、それゆえに異分野や異業種の知識や経験がなかなか入ってきませんでした。

しかし福祉介護というのは実は、異分野や異業種の知識が大いに活かせる仕事です。なぜなら、そこにあるのは生活であり、目指すのは利用者の幸せだからです。

利用者の生活に寄り添い、その笑顔を引き出すための方法は、無限に存在しています。もし建築の知識があれば、介護の実態に沿いつつ安全性と快適さを兼ね備えたすばらしい施設を造れるでしょう。営業の能力が高いなら、そのホスピタリティを活かして利用者と職員との関係性をよりよく変えられるはずです。そんな理事長の個性を活かした法人運営を行うことがほかとの差別化となり、厳しい時代を生き残るための武器となると私は考えています。

近年は、業界に参入してくる一般企業でユニークな試みが相次いでいます。例えばとあるベンチャー企業は、「マッチョだらけの介護施設」を立ち上げました。筋力トレーニングに理解のある職場ということでボディービルダーなどの力自慢たちが集まり、職員の数は5年で4倍に増えたといいます。利用者からも「安心感がある」と好評です。

ちなみに経営者自身もボディービルの経験があるそうです。

これからの福祉介護には、そんなクリエイティビティが必要になってくるでしょう。それぞれの得意なことで利用者を幸せにすれば、それが個性となり、強みとなるのです。

私にも、新時代を見据えた新たな構想があります。日本には、LGBTQ（性的マイノリティ）の人々のための介護施設や、外国人のための介護施設が存在していません。しかしいずれこうした人々のための専門施設が必ず必要になってくるはずです。

もし地域社会にそんなニーズが生まれたら私はいち早く舵を切り、専門施設を造りたいと思っています。そのような新たなチャレンジに加え、地域を守り続けるという使命ももちろん忘れることはありません。

私の代では、五葉会という法人の経営基盤をさらに安定させることを目指しますが、次世代への事業承継に当たっては、一つの計画をもっています。

具体的には、五葉会とは別に福祉に関連する新たな法人を立ち上げ、私の2人の息子にそれぞれの法人を託したいと思っています。現在すでに、行政の方針として「グループ化による福祉介護事業の効率化」があり、今後は地域の複数の施設が連携して福祉介護を手掛けていくという流れがあります。その潮流を踏まえるなら、介護から障がい者福祉や児童福祉の分野に進出し、グループ内でシームレスな活動ができるようにすることで、法人が生き残る確率を高められるはずです。

思えば福祉介護とは本来、シームレスな活動です。福祉と介護、家族と職員、自宅と施設、施設と地域……そんな関係性のつなぎ目を滑らかにすることで地域社会を支えるというのが、社会福祉法人の役割かもしれません。

そして事業承継もまた、シームレスでなければならないものです。先代から後継者への引き継ぎをできるだけシームレスに行い、事業への影響を最小にとどめるのが、目指すべきところです。本書が、そんなシームレスな事業承継の後押しとなることを願っています。

最後に、本書を出版するきっかけをくれたともいえる前理事長である父との関係を改めて振り返ってみると、ライバル意識にも似た感情が少なからずあったと感じています。

当然、お互いに認め合い、感謝し合う部分も多くあります。そのなかで父子の場合は、息子は父に対して偉大な目標であってほしいと願うし、逆に父は息子に対して自分を大きく超えてもらいたいと願うものです。そうした関係性のうえで事業を承継するということは、まさに同じ土俵で「勝負」するということだと思います。同じ土俵に立つというのは明確な優劣がつく分、別の土俵で同等以上の評価を得ようとすることより、かなりの勇気を要するのです。

後継者となる人に向けて、その身の上を「恵まれている」と他人は言うかもしれません。しかしおそらく多くの後継者には、将来を限定された身の上を、不公平とすら感じた経験が少なからずあったと思います。私自身は、そんな身の上をアドバンテージだととらえることができたときに、初めて心が軽くなりました。そして父の背中を同じ土俵で超えていくことが親孝行だと覚悟したのです。

ぼんくらの跡取り、親の七光り、世間知らず……。そうした陰口が聞こえてくることもありましたが、意志を固めてしまえばもはや激励の言葉にすら感じられるのです。これから先、私と同じような立場で事業を承継しようという未来の同志たちに、心からのエールを送りつつ、筆をおきたいと思います。

戸山文洋（とやま ふみひろ）

帝京科学大学大学院博士後期課程満期退学。人間工学、生理心理学の見地からアニマルセラピーを研究した。その後父・戸山雅友氏が理事長を務めていた社会福祉法人五葉会に入り、２０１４年にレクリエーション支援の専門部署「アクティビティケアチーム」を発足させた。法人経営のかたわら、大学での講義、研究会での講演など、教育活動にも注力している。２０２０年４月１日から正式に社会福祉法人五葉会の理事長に就任し、現在に至る。子どもが２人おり、のちのちは家族内で事業承継していく予定。

本書についての
ご意見・ご感想はコチラ

社会福祉法人の事業承継

二〇二二年十月三一日　第一刷発行

著　者　戸山文洋
発行人　久保田貴幸
発行元　株式会社　幻冬舎メディアコンサルティング
〒一五一-〇〇五一　東京都渋谷区千駄ヶ谷四-九-七
電話　〇三-五四一一-六四四〇（編集）
発売元　株式会社　幻冬舎
〒一五一-〇〇五一　東京都渋谷区千駄ヶ谷四-九-七
電話　〇三-五四一一-六二二二（営業）
印刷・製本　中央精版印刷株式会社
装　丁　秋庭祐貴

検印廃止

Printed in Japan　ISBN 978-4-344-93857-1 C0034
幻冬舎メディアコンサルティングHP　http://www.gentosha-mc.com/